名师名校名校长

凝聚名师共识
回应名师关怀
打造名师品牌
培育名师群体

学科特色学习
文化引导育人

小学语文文化育人新思考

连忠友 / 著

西南大学出版社
国家一级出版社 全国百佳图书出版单位

图书在版编目（CIP）数据

学科特色学习　文化引导育人：小学语文文化育人新思考 / 连忠友著. -- 重庆：西南大学出版社, 2025.
3. -- ISBN 978-7-5697-2688-6

Ⅰ . G623.202

中国国家版本馆CIP数据核字第2024J44F40号

学科特色学习　文化引导育人——小学语文文化育人新思考
XUEKE TESE XUEXI WENHUA YINDAO YUREN——XIAOXUE YUWEN WENHUA YUREN XIN SIKAO

连忠友　著

| 责任编辑：尤国琴
| 责任校对：万珊珊
| 装帧设计：言之凿
| 出版发行：西南大学出版社（原西南师范大学出版社）
| 　　地址：重庆市北碚区天生路2号
| 　　邮编：400715
| 印　　刷：北京政采印刷服务有限公司
| 成品尺寸：170mm×240mm
| 印　　张：14.75
| 字　　数：230千字
| 版　　次：2025年3月　第1版
| 印　　次：2025年3月　第1次印刷
| 书　　号：ISBN 978-7-5697-2688-6
| 定　　价：58.00元

序言

定篇、文化与跨文化

"定篇"是我们语文教育的传统。诸如《诗经》《唐诗三百首》《千家诗》《古文观止》等教材，都是"定篇"，都是由选家千琢磨万思量，选出来供给莘莘学子的学习材料，没有哪一篇文章能够随随便便进入教材的。司马迁在《史记·孔子世家》中记载："古者《诗》三千余篇，及至孔子，去其重，取可施于礼义……三百五篇，孔子皆弦歌之……"十里挑一，这不算是挑剔的了。

为什么教材要"定篇"？首先，这是为孩子一辈子健康成长的奠基工程；其次，这是构建中华民族共同体精神家园的奠基工程。这项工程的意义相当于推广普通话的意义。没有普通话，以中国14亿民众之多，以960万平方公里之广，一个出远门的人要和异地他乡的人顺畅地交流，是一件不可想象的事。而没有统编版教材的"定篇"，中华民族也就没有一个精神交流的基础。我经常出差，公务之余免不了聚餐，热情的主人不但要准备好饭菜，还要寻找餐桌上的"最大公约数"，聊一些大家都感兴趣的话题；而年轻时，并不为人注目，餐桌上的人就会聊他们身边最近发生的人事，用的又是本地话，缩在一旁的我听不懂更插不上话，就倍感无聊。有一年春节回老家，一位朋友把几家返乡的人拉在一起到他家吃饭。主人殷勤地把餐桌上鱼肉最精华的部分舀到每个客人的碗里，客人赶忙端着碗躬身站起来，笑眯眯地说："多乎哉，不多也。"这时，全桌的人都笑起来，屋子里洋溢着欢乐的气氛。

"为什么大家会不约而同地笑起来？"我上课时讲到这里就停下来，问大家这个问题。大家说，这是鲁迅先生《孔乙己》里的一句话啊。是的，恐怕大家听到这句话时，大脑里就会闪现课堂上老师讲解这篇课文时的情景，闪现那个"站着喝酒而穿长衫的唯一的人"，于是笑了。这就是统编版课文的力量，它会使素昧平生、五湖四海的人瞬间有了精神会通的暗道。

其实，"多乎哉，不多也"这句话的原始出处并不是《孔乙己》，而是《论语·子罕》。原文是："太宰问于子贡曰：'夫子圣者与？何其多能也？'子贡曰：'固天纵之将圣，又多能也。'子闻之，曰：'太宰知我乎？吾少也贱，故多能鄙事。君子多乎哉？不多也。'"《论语》也是"定篇"，由朱熹定的，"四书"之一。"四书"是指《大学》《论语》《孟子》《中庸》。朱熹一辈子著作无数，其中用力最勤的是《四书章句集注》，临终之前还在修订。朱熹为什么这么看重"四书"？夫子之道，"五经"是粗粮，"四书"是白米饭，老百姓很饥渴，"五经"虽好，但是过于庞杂，难以入嘴，要赶紧给他们喂养"四书"以解饥。后来的历代统治者也认同这一点，所以把它定为科举考试的教材，盛行中国近千年。

然而，自鸦片战争国门被打开之后，西学东渐，当今的中国人大多知道"四书五经"这个名词，但是进一步问"四书五经"具体指什么，绝大多数人答不上来。这不由让人喟叹。不过，《论语》《孟子》的断章还是入选中小学教材的，"中庸"也是中国人日用而不觉的处事原则，"定篇"正把遗传密码植入中国人的血液里。这就是中国文化。曾经，中国文化在西学的冲击下几近崩溃，然而，就是在那个最艰难的时刻，也有人疾呼，要对中国历史与文化怀抱温情与敬意。今天，在中华民族处于伟大复兴的关口，我们更应当有文化自信。

"什么是文化？"曾有学者和我探讨这个概念。我脱口而出："'文'是纹饰，人造的；'化'是融化，悄无声息地把这些人造的东西融入人们的思维、语言和行为。"这位学者说，你这是说文解字的解法，世界上关于"文化"的定义有两百多种呢。是的，人生百态，不可强求一致，"求同存异"应是当今构建人类命运共同体的法则，我们在传承和弘扬本民族优秀传统文化的同时，要了解、理解和尊重其他民族的文化。不可想象，美国的中小学教材没有马克·吐温，英国的中小学教材没有莎士比亚，法国的中小学教材没有卢梭，德国的中小学教材没有歌德，俄罗斯的中小学教材没有托尔斯泰，印度的中小学教材没有泰戈尔……

也就是说，在通过"定篇"铸牢本民族的文化根基的同时，我们还要有跨文化意识和能力。

依我看来，跨文化有两种：一种是向外跨，通过学习外语等途径，学习他国优秀文化；一种是向下跨，把"定篇"里的中华优秀传统文化、革命文化和社会主义先进文化与本土文化相结合。在大力倡导跨学科教学的当下，语文教师有必要学习一点儿外语，这才具有跨文化的基本能力；教师更要熟悉本土文化，具备一定的校本课程开发能力，这样才能拆解校园与社会的藩篱，把课本与生活融通起来，学生的学习才能趣味盎然。

如上之述在连忠友的这本书中备矣，诸君就打开来吧！

赖一郎

（《福建基础教育研究》主编、编审，文学博士）

目录

第一章　语文学科育人中的文化导向新趋势

第一节　文化育人是语文学科发展的新趋势 …………………………… 3
第二节　小学语文核心素养重视文化自信 …………………………… 9
第三节　语文教学中文化育人的概念、特点与要求 ………………… 14
第四节　文化导向下小学语文学科育人新格局建构 ………………… 24

第二章　文化导向下引领学生全面发展

第一节　小学语文教学中融入德育文化理念 ………………………… 33
第二节　小学语文教学中融入知识文化理念 ………………………… 41
第三节　小学语文教学中融入体育文化理念 ………………………… 52
第四节　小学语文教学中融入审美文化理念 ………………………… 60
第五节　小学语文教学中融入劳动文化理念 ………………………… 70

第三章　革命文化熏陶育人

第一节　小学语文教学中革命文化的育人价值 ……………………… 85
第二节　革命文化育人策略与路径 …………………………………… 90
第三节　小学语文革命文化主题实践育人 …………………………… 105
第四节　革命文化育人模式创新探索 ………………………………… 112

第四章　中华优秀传统文化传承育人

第一节　小学语文学科中中华优秀传统文化的育人意义 ……… 125
第二节　中华优秀传统文化传承育人的特点与原则 …………… 131
第三节　中华优秀传统文化传承育人的策略 …………………… 139
第四节　中华优秀传统文化传承育人的路径 …………………… 144

第五章　社会主义先进文化育人

第一节　社会主义先进文化育人的时代意义 …………………… 151
第二节　社会主义先进文化育人的特点与趋势 ………………… 156
第三节　社会主义先进文化育人的策略与方法 ………………… 160
第四节　社会主义先进文化育人实践探索 ……………………… 166

第六章　文化导向下小学语文学科育人课程实施

第一节　确定合理的文化育人目标 ……………………………… 175
第二节　多维深度挖掘教材中的文化元素 ……………………… 180
第三节　创新教学方式与方法 …………………………………… 191
第四节　构建多元化评价体系 …………………………………… 197

第七章　文化导向下小学语文学科育人新探索

第一节　本土特色文化渗透育人 ………………………………… 209
第二节　语文教学中的校园文化育人 …………………………… 219

第一章

语文学科育人中的文化导向新趋势

在风起云涌的教育变革中，语文学科始终坚守着育人的初心，而如今，它正以全新的姿态迎接文化导向的新趋势。这不仅是知识的传递，更是文化的薪火相传，是心灵的润泽，是思想的激荡。小学语文，作为学生接触母语、感受文化的起点，其核心素养已然聚焦于文化自信的培养。文化自信，源自对民族文化的深刻理解与热爱，它让语文学科的育人使命愈发彰显。文化育人，是一种细雨润物的教育方式，它在字里行间播撒文化的种子，让学生在领略文字之美的同时感受到文化的深厚底蕴。语文教学的课堂，不再是简单的知识灌输，而是文化气息的弥漫，是思维火花的碰撞，是情感共鸣的激荡。在这样的氛围中，学生的心灵得到了滋养，他们的思想得以放飞，他们的文化自信逐渐生根发芽。站在新的历史起点上，我们需要重新审视语文学科的育人价值，以文化为导向，构建小学语文学科育人的新格局。这不仅是对传统的传承，更是对未来的探索与展望。让我们携手共进，用文化的力量引领学生走向更加广阔的天地，让他们在语文的世界里感受文化的魅力，书写属于自己的精彩篇章。

第一节　文化育人是语文学科发展的新趋势

在全球化浪潮与教育改革的双重影响下，语文学科迎来了新的发展趋势——文化育人。这一理念强调在传授语言文字知识的同时，更要注重传统文化的传承、多元文化的交融以及语言艺术的实践，旨在通过语文教学全面提升学生的文化素养和审美能力。在这一背景下，语文教师需不断探索创新教学方法，引领学生在感悟中华文化博大精深的同时拓宽国际视野，锤炼语言表达，为培养具有国际视野和跨文化交流能力的时代新人贡献力量。

一、文化育人理念的提出：引领语文学科教育的新方向

随着时代的进步和教育改革的不断深入，教育的目标已经从单纯的知识传授转向对学生全面发展的追求。在这一转变中，文化育人理念的提出，为语文学科教育指明了新的方向。

文化育人，顾名思义，即通过文化的熏陶和滋养来达到育人的目的。在语文学科中，文化育人不仅仅是一种教学方法或手段，更是一种深层次的教育理念。它强调在传授语文知识的同时更要注重挖掘和传承文化元素，将知识与文化有机融合，让学生在学习语言文字的过程中，感受到中华文化的博大精深和独特魅力。

这一理念的提出，对于培养学生的文化素养和审美能力具有重要意义。在传统的语文教学中，往往过于注重知识点的灌输和应试技巧的训练，而忽视了对文化内涵的深入挖掘和学生文化素养的培养。而文化育人理念的提出，正是为了弥补这一不足。它要求教师在教学过程中，不仅要关注学生的知识掌握情

况，更要注重学生的文化体验和精神成长。通过引导学生深入探究文学作品背后的文化内涵，感受作者的思想情感和人文情怀，从而达到提升学生的文化素养和审美能力的目的。

为了实现这一目标，教师需要在教学过程中深入挖掘语文课程中的文化元素。无论是古代的经典诗词、散文，还是现代的文学作品，都蕴含着丰富的文化内涵和人文精神。教师需要通过对这些作品的深入解读和分析，引导学生领悟其中的文化意蕴和美学价值。教师还可以结合多媒体教学手段，利用图片、视频等教学资源，为学生呈现更加生动、形象的文化课堂，激发学生的学习兴趣和求知欲。

文化育人理念的提出，也为教师提供了新的发展机遇和挑战。在传统的教学模式下，教师往往只是知识的传递者和学生学习的管理者，而在文化育人的理念下，教师需要转变角色，成为学生学习的引导者和伙伴。这不仅需要教师具备扎实的专业知识和教学技能，更需要教师具备广阔的文化视野和深厚的人文素养。只有这样，教师才能更好地引导学生领略中华文化的魅力，培养他们的文化素养和审美能力。

文化育人理念的提出也对语文学科教育的发展产生了深远的影响。它促使语文学科教育从单一的知识传授转向对学生全面发展的关注，从应试教育的桎梏中解放出来，走向更加广阔的教育天地。在这一理念的引领下，语文学科教育将更加注重学生的主体地位和学习体验，更加注重对学生的创新能力和实践能力的培养，从而为学生的全面成长和终身发展奠定坚实的基础。

二、传统文化的传承与发扬：守护民族文化的根基

在浩如烟海的历史长河中，中华民族犹如一颗璀璨的明珠，散发出独特而迷人的光芒。她所创造的灿烂辉煌的传统文化，是我们民族生生不息、薪火相传的根基和魂灵。在当今时代，面对全球化浪潮的冲击和多元文化的交融，如何在语文教学中传承与发扬传统文化，成为我们必须深入思考和探索的重要课题。

传统文化是中华民族的血脉和精神家园，它蕴含着丰富的思想内涵、深邃

的人文精神和独特的审美情趣。从孔孟之道、墨家之学，到诗词歌赋、琴棋书画，无不彰显着中华民族的智慧和才华。这些宝贵的文化遗产，不仅是我们民族的瑰宝，更是我们民族精神的体现。它们如同一座座巍峨的丰碑，矗立在历史的长河中，指引着我们前进的方向。

在语文教学中，注重传统文化的传承与发扬，具有深远的意义。它不仅能够增强学生的民族自豪感和文化自信，更能够培养他们的文化素养和审美能力。通过学习传统文化，学生可以深入了解中华民族的历史变迁、思想观念、价值取向和审美情趣，从而更好地理解和认同自己的民族和文化。民族文化认同感和自豪感，将激励他们在未来的学习和生活中，更加积极地传承和弘扬传统文化，为民族的繁荣和发展贡献自己的力量。

为了实现这一目标，教师在语文教学中需要采取多种有效的教学方法和手段。首先，教师可以通过讲解经典文学作品、介绍历史人物和事件等方式，让学生全面了解传统文化的丰富内涵和价值所在。这些经典作品和历史人物，如同一面面镜子，映照出中华民族的精神风貌和价值追求。通过深入学习这些作品和人物，学生可以更加直观地感受到传统文化的魅力和价值。

其次，教师还可以通过引导学生诵读、仿写古典诗词等方式，培养他们的审美情趣和文学素养。古典诗词是中华民族文学宝库中的瑰宝，它们以精练的语言、优美的意境和深邃的思想内涵，受到无数读者的喜爱。通过诵读和仿写这些诗词，学生可以更加深入地领略古典诗词的韵律之美、意境之深和思想之精髓，从而提升自己的文学素养和审美能力。

教师还可以结合多媒体教学手段和校外文化资源，为学生呈现更加生动、形象的文化课堂。例如，可以利用多媒体教学资源展示传统文化的艺术形式和表现方式，如书法、绘画、音乐等；还可以组织学生参观博物馆、图书馆等文化场所，让他们亲身感受传统文化的魅力和价值。

三、多元文化的交流与融合：拓宽学生的国际视野

在全球化的浪潮下，世界各地的文化交流和融合已成为一种不可逆转的趋势，不仅促进了各国之间的经济合作与交流，更在深层次上推动了文化的相互

借鉴与融合。语文教学，作为传承和弘扬民族文化的重要载体，同样需要站在这一时代的高度，注重多元文化的交流与融合，以拓宽学生的国际视野，培养他们具备跨文化交流的能力。

在语文教学中融入多元文化元素，不仅是对传统教学内容的有益补充，更是对学生全面发展的一种重要促进。通过引入外国文学作品、介绍不同国家的文化和历史，教师可以为学生打开一扇通向世界的窗户，让他们领略到不同文化的独特魅力和深厚底蕴。这些外国文学作品和历史文化，如同一面面镜子，映照出不同民族的精神风貌、价值观念和审美情趣。通过学习这些作品和文化，学生可以更加全面地了解世界各地的风土人情、社会习俗和思想观念，从而拓宽自己的国际视野。

除了课堂教学之外，教师还可以鼓励学生积极参与各种国际交流活动。如参加国际文化节、与国外学生开展互访、参与国际学术研讨会等。通过这些活动，学生可以亲身感受到不同文化的碰撞与融合，增强自己的跨文化交流能力。在与来自不同文化背景的人交流互动中，学生需要学会尊重和理解他人的观点和习惯，培养自己的开放思维和包容心态，使学生在未来的学习和工作中更加自信、开放和包容，为国际交流与合作打下坚实的基础。

多元文化的交流与融合不仅有助于拓宽学生的国际视野，更能够培养他们的创新思维和批判性思考能力。在接触不同文化的过程中，学生需要学会比较和分析不同文化之间的差异和共同点，从而形成自己独立的见解和判断。多元思维方式和能力将使学生在面对复杂多变的国际环境时更加从容和自信。

多元文化的交流与融合也对语文教师提出了更高的要求。教师需要具备广阔的国际视野和深厚的文化素养，能够熟练掌握和运用多种教学资源和方法，以引导学生更好地了解和欣赏不同文化。教师还需要不断更新自己的教学观念和教学方法，以适应全球化背景下语文教学的新要求和新挑战。

四、语言艺术的培养与实践：提升学生的文化综合表达能力

语言，作为人类沟通交流的工具、文化的载体，更是心灵的窗口，其重要性不言而喻。在语文教学的广袤天地中，注重语言艺术的培养与实践，无疑为

学生打开了一扇通向文采飞扬、表达自如的大门。这不仅是语言文字技巧的传授，更是对学生综合表达能力、创作能力以及未来职业生涯发展潜力的深度挖掘与培养。

语文教学中的语言艺术，如同细雨润物，无声却又力量无穷。教师可以通过生动形象的讲解，引导学生领略修辞手法的巧妙和文学作品的魅力。从比喻句的生动形象、排比句的磅礴气势，到诗歌的婉约柔美、散文的形散神聚，每一种修辞手法、每一种文体风格，都仿佛是一把钥匙，能开启学生心中对语言艺术的感悟与热爱。在这样的教学过程中，学生的语言感知能力和鉴赏能力将得到潜移默化的提升，他们开始学会用更加细腻、丰富的语言去描绘世界、表达情感。

然而，语言艺术的培养绝非纸上谈兵，实践是最好的老师。在语文教学的课堂上，写作、演讲等实践活动为学生提供了锻炼语言表达能力和创作能力的绝佳机会。一篇篇习作，是学生对生活的观察与思考的结晶；一次次演讲，是他们对自我观点与情感的勇敢表达。在这些实践中，他们学会了如何组织语言、如何运用修辞手法让文字更加生动有力，还学会了如何用自己的语言去影响他人、传递力量。

除了课堂内的实践，课外的阅读与生活观察同样是语言艺术培养不可或缺的实践方式。教师可以通过推荐优秀文学作品、组织阅读分享会等方式，引导学生走进文学的世界，感受大师们笔下文字的艺术魅力。鼓励学生走出课堂，去观察生活、体验生活，从生活的点滴中汲取灵感，丰富自己的语言素材库。这样，当学生再次提笔写作或开口演讲时，便能将生活的真实与文学的韵味完美融合，使自己的语言表达更加具有深度与感染力。

值得一提的是，语言艺术的培养与实践不仅仅是为了提升学生的表达能力，在更深层次上，它是对学生创新思维和想象力的一种激发与培养，更是文化素养的提升。当学生在尝试用不同的语言表达方式去描述同一个事物时，他们的思维得到了拓展；当他们在创作中尝试塑造一个个独特的人物形象时，他们的想象力得到了放飞。创新思维和想象力，正是未来社会所急需的宝贵财富。

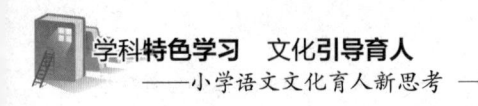

因此，我们可以毫不夸张地说，注重语言艺术的培养与实践是语文教学中不可或缺的一环。它不仅关系到学生当前的语言表达能力和创作能力的提升，更关系到他们未来职业生涯的发展。一位优秀的语文教师应当像一位高明的园丁一样，精心呵护每一棵热爱语言的幼苗，用智慧的阳光和辛勤的汗水培育他们，使其茁壮成长。而当学生终有一天能够在语言的花园里自由翱翔、绽放光彩时，那将是对他们最好的回报，也是对语文教学最高境界的最好诠释。

第二节 小学语文核心素养重视文化自信

文化自信，是民族精神的灵魂，是国家软实力的根基。在小学语文教育中，文化自信的培养如同春雨滋润般，潜移默化地影响着学生的心灵成长。教师通过深入挖掘教材的文化瑰宝，营造校园的文化氛围，拓展课外的文化视野，再到实践中的文化体验，每一步都是对学生文化自信的悉心呵护和坚定培育。让学生在语文的海洋中遨游，感受中华文化的博大精深，从而内化为自身的文化底气和自信，这正是小学语文教育的崇高使命。

一、文化自信的概念内涵

文化自信，是一个民族、一个国家、一个政党对自身文化价值的深刻认同与坚定信念，是对本民族文化生命力与发展前景的深刻认同与坚定信念。在全球化的浪潮中，文化自信已然成为衡量一个国家软实力的重要标尺，它不仅彰显了一个国家对自身文化传统的珍视与传承，更在国际文化舞台上展现了一个国家的独特魅力和坚定立场。

文化自信是对中国共产党领导下的中华民族价值取向的自信。中华民族在漫长的发展中，形成了自己独特的价值观。而社会主义先进文化、革命文化与中华优秀传统文化有机融合，构成了中国特色社会主义文化，是文化自信的重要内涵。

对于小学语文教育来说，文化自信的培养具有不可估量的重要性。语文，作为中华民族文化的载体，承载着丰富的历史文化内涵和民族精神。因此，小学语文教育不仅仅是语言文字的传授，更是对民族文化的深刻体验与感悟。在这个过程中，学生们通过学习汉字、诗词、故事等，逐渐了解中华民族悠久的历史和灿烂的文化，感受其中蕴含的智慧与美感。

对民族文化的认同感和自豪感，正是文化自信的根基。它让学生们在面对外来文化时，能够保持清醒的头脑，既不盲目崇拜，也不妄自菲薄。相反，他们能够以更加开放和包容的心态去接纳和理解不同的文化，同时更加珍视和热衷于传承自己的民族文化。

文化自信的培养，需要从小抓起。小学语文教育作为学生接触民族文化的第一扇窗口，肩负着重要的使命。教师应该深入挖掘教材中的文化资源，创新教学方式方法，让学生在轻松愉快的氛围中感受中华文化的魅力。学校和社会也应该为学生提供更多的实践机会，让他们在实践中体验中华文化的博大精深，从而真正树立起对民族文化的自信心和自豪感。

二、文化自信的重要性

文化自信，乃民族之魂的坚固根基、国家软实力的重要源泉，亦是个体成长的精神指引，其深厚与否，关乎一个民族、国家乃至个人的未来与命运。

（一）文化自信：民族精神的坚固支柱

文化自信，对于任何一个民族而言，都是其精神世界的坚固支柱。当一个民族对自己的文化持有深厚的自信，它的民族精神就会如同磐石般稳固，无论外界环境如何变迁，都能保持其独特的魅力和活力。反之，一个缺乏文化自信的民族，其民族精神往往会显得脆弱不堪，甚至在外来文化的冲击下逐渐消散。

在中华民族几千年的历史长河中，文化自信一直是支撑我们民族精神的重要力量。从古代的四大发明到诗词歌赋，从哲学思想到道德规范，无不体现着中华民族对自己文化的深厚自信和自豪。文化自信不仅让我们在面对外来文化的冲击时能够保持清醒的头脑，更让我们在全球化的大潮中坚守自己的文化立场，展现出独特的民族魅力。

（二）文化自信：国家软实力的核心要素

在当今世界，国家之间的竞争已经不仅仅局限于经济、军事等硬实力方面，文化软实力也成为一个国家综合实力的重要组成部分。而文化自信则是提升国家文化软实力的核心要素。

一个国家的文化如果能够被广泛传播和认同，就能够在国际舞台上赢得更多的尊重和话语权。文化的传播和认同，离不开对自己文化的深厚自信和自豪。只有当一个国家对自己的文化持有充分的自信，才能够积极地将它推向世界舞台，让更多的人了解和认同。文化自信也能够增强一个国家的凝聚力和向心力，使得国民在面对外来文化的冲击时能够保持坚定的立场和态度。

（三）文化自信：个人成长的坚实基石

对于个人而言，文化自信同样具有重要意义。文化自信是一种精神力量，它能够激励人们在面对困难和挑战时保持坚定的信念和勇气。一个对自己的民族文化有自信的人，往往能够更加自信地面对生活中的各种挑战，更加积极地追求自己的梦想和目标。

文化自信的培养需要从娃娃抓起。在小学语文教育中，我们应该注重对学生文化自信的培养，让他们从小就能够了解并认同自己的民族文化。通过学习汉字、诗词、故事等传统文化知识，让学生们感受到中华文化的博大精深和独特魅力，从而增强他们对民族文化的自信心和自豪感。文化自信将伴随他们的一生，成为他们精神世界的坚实基石，让他们在未来的道路上走得更加坚定和自信。

三、语文学科中文化自信的建立

语文学科中文化自信的建立，需教师深入挖掘教材的文化内涵以传承中华优秀传统文化，营造浓厚文化氛围以浸润学生心灵，拓展课外阅读以丰富学生文化积淀，并注重实践体验让学生在行动中感悟文化精神，从而让学生在语文学习的旅程中，自信地领略中华文化的博大精深与独特魅力。

（一）深入挖掘教材的文化内涵，让传统文化焕发新彩

小学语文教材，不仅仅是一本简单的教科书，更是一部承载着中华民族五千多年文化精粹的宝典。其中，古诗词、成语故事、历史典故等传统文化资源如璀璨繁星，照亮着学生的心灵。教师在教学过程中，应当如同寻宝者一

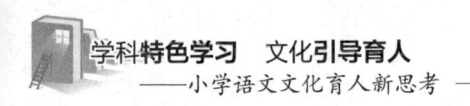

般，深入挖掘这些宝藏，让传统文化在现代教育中焕发新彩。

通过学习古诗词，学生可以感受到古人的审美情趣和人生智慧。那些脍炙人口的诗句，不仅语言优美，而且意境深远，能够启迪学生的思维，提升他们的文学素养。成语故事和历史典故，更是中华民族智慧的结晶。它们以生动有趣的方式，传递着丰富的历史信息和深刻的人生哲理，让学生在轻松愉快的氛围中了解历史，增长见识。

教师还应结合时代背景和学生的生活实际，对传统文化进行现代解读和拓展延伸。这不仅可以帮助学生更好地理解传统文化，还能让他们在传承中创新，在创新中发展。通过这样的教学方式，可以让传统文化在学生的心中生根发芽，从而增强他们对民族文化的认同感和自豪感。

（二）拓展课外阅读，让学生在书海中汲取文化营养

课外阅读是学生获取知识和信息的重要途径，也是培养学生文化自信的重要手段之一。通过课外阅读，学生可以接触到更加广阔的文学世界和历史天地，了解更多的文化知识和人生哲理。因此，教师应该积极引导学生开展课外阅读活动，让他们在书海中汲取文化营养。

为了培养学生的阅读兴趣和能力，教师可以根据学生的年龄特点和认知水平推荐适合他们的优秀课外读物。这些读物可以是经典的文学作品、有趣的科普读物、富有哲理的历史故事等等。通过阅读这些书籍，学生可以逐渐积累深厚的文化底蕴和丰富的人生经验。

教师还可以通过组织读书会、分享会等活动来激发学生的阅读热情和交流欲望。在这些活动中，学生可以畅所欲言地分享自己的阅读感受和心得体会，从而加深对所读作品的理解和认识。他们还能在与同龄人的交流中拓展自己的思维方式，提升自己的综合素养和文化自信。

（三）注重实践体验，让学生在行动中感悟文化精神

实践是检验真理的唯一标准，也是培养学生文化自信的重要途径之一。只有通过亲身实践，学生才能更加深刻地感受到中华文化的独特魅力和深厚底蕴。因此，教师应该注重实践体验在培养学生文化自信方面的作用。

教师可以通过组织学生参加社会实践活动、志愿服务活动等方式让学生

走出校园、走进社会。在这些活动中，学生可以亲身体验到中华民族的传统美德和社会责任感，从而增强他们对民族文化的认同感和自豪感。例如，通过参观博物馆、纪念馆等文化场所，学生可以更加直观地了解中华民族的历史和文化；通过参与社区服务、环保公益等活动，学生可以更加深入地感受到中华民族的人文精神和家国情怀。

教师还可以鼓励学生积极参与家庭教育和家族文化传承活动。在这些活动中，学生可以更加亲近地接触到自己的家庭文化和民族文化传统，从而更加深刻地领悟到中华文化的博大精深和独特魅力。通过这样的实践体验活动，可以让学生在行动中感悟文化精神，从而更加坚定地对民族文化产生自信和自豪感。

第三节 语文教学中文化育人的概念、特点与要求

在华夏文明的沃土上，小学语文教育如同细雨滋润般，潜移默化地培育着学生的文化根基。文化育人，不仅是知识的传授，更是灵魂的熏陶。在这里，每一个汉字都闪烁着智慧的光芒，每一篇课文都承载着历史的厚重。通过深入挖掘文化资源，引领学生穿越时空，与古人对话，与经典共鸣，让他们在领略中华文化博大精深的同时也能汲取前行的力量，成为有担当、有情怀的新时代少年。

一、文化育人的概念

文化育人，这一理念如一颗深埋于中华民族五千多年文化沃土之中的种子，如今正生根发芽，茁壮成长。它不仅是教育的手段，更承担着文化传承与创新的使命，是一种通过文化的力量来培育人的综合素养和全面发展的教育理念。文化育人强调在教育过程中，将文化的精髓、智慧、情感和价值观等融入其中，使学生在接受知识的同时能够感受到文化的魅力，形成对民族文化的认同感和自豪感。

文化育人的核心内涵，不仅在于传授知识，更在于通过文化教育人、影响人，从精神上真正塑造一个人。这种教育理念强调的是对人内在精神的熏陶和升华，旨在培养有思想、有灵魂、有道德规范的个体。将文化育人融入通识教育的全过程，实际上是为通识教育注入更为深厚的内涵，也为其开辟了一条

新的人才培养路径。在各类学科的通识教育中，无论是文史哲的深厚底蕴，还是经管法的严谨逻辑，抑或是科学的探索精神，教育的启迪智慧，以及艺术的审美追求，都可以成为文化育人的重要载体。通过对这些学科的学习，学生不仅能够获取知识，更能在这一过程中感受到文化的力量，从而实现个体的全面发展。

文化育人的价值，体现在它对于个体成长的全面促进的作用上。文化，作为一种精神滋养，能够涵育个体的思想、道德、认知和审美能力。它不仅仅是一种知识体系，更是一种精神力量，能够引导个体向着更高的精神境界迈进。通过文化的熏陶，一个自然人可以逐渐升华为一个具有崇高思想信念、丰厚文化知识体系的人，成为一个充满社会正义感和道德力量的人。这种价值的体现，还在于文化对个体行为举止的规范作用。一个受过良好文化教育的人，不仅在知识层面表现得比较丰富，更会在行为中表现出很强的自我约束和规范能力。他们更懂得尊重他人，更懂得如何以合适的方式表达自己的观点和情感，也更能理解和接纳不同的文化和观念。文化育人还在促进个体的身心健康发展方面发挥着重要作用。文化的学习和体验，可以帮助个体建立积极的人生观和价值观，提升自我认知和情绪管理能力。在面对生活中的困难和挑战时，这些受过文化教育的人更能够保持冷静和理智，以积极的心态去应对和解决问题。

在小学语文教学中，文化育人更是被赋予了特殊的意义和重要地位。小学语文课程不仅是语言文字的学习，更是中华文化传承的重要载体。在这个过程中，教师需要深入挖掘语文课程中的文化资源，如经典诗文、成语故事、历史典故等，通过有效的教学方法和手段，引导学生感受其中所蕴含的文化内涵和人文精神。

小学语文教学中的文化育人主要体现在以下几个方面。

（一）传承中华优秀传统文化

中华优秀传统文化是中华民族的根和魂，是中华民族独特的精神标识。在小学语文教学中，传承中华优秀传统文化是文化育人的重要使命。教师需要通过教授古诗词、经典散文等文学作品，让学生了解中华民族的历史和文化传统，感受中华文化的博大精深。在这个过程中，学生不仅可以学习语言文字的运用，更能够深入理解中华文化的精髓和智慧，增强对民族文化的认同感和自豪感。

（二）培养审美情趣和文学素养

文学作品是文化的重要载体，学习文学作品是培养学生审美情趣和文学素养的重要途径。在小学语文教学中，教师可以通过引导学生欣赏优美的文学作品，让学生感受文学的语言美、形象美和意境美。通过对文学作品的深入解读和鉴赏，学生可以提升对语言文字的感知和运用能力，培养对文学的热爱和兴趣。学生还能够在文学作品中领略到人生的百态和社会的万象，拓展自己的视野和积累人生经验。

（三）形成正确的价值观、人生观和世界观

文化育人不仅是知识的传授，更是价值观、人生观和世界观的引导。在小学语文教学中，教师可以通过对文学作品的分析和解读，引导学生思考人生的意义和价值，形成积极向上的价值观和人生观。通过对不同文化背景下的思想观念和社会现象的介绍和分析，学生可以更加开放包容地看待世界，形成多元文化的视野和思维方式。

二、文化育人的特点

文化育人如春风化雨，巧妙渗透于语文教学的每一环节，致力于学生整体素养的全面提升；又似行驶之舟，载学生畅游于丰富多彩的文化活动之中，感受民族文化的深厚底蕴，并在传承与创新中绽放时代光彩。

（一）渗透性：文化育人在语文教学中无处不在

文化育人，这一理念在语文教学中并不是孤立存在的，而是如同细雨润物，无声地渗透于每一个教学环节之中。无论是识字教学，还是深入文本的阅读教学，抑或是表达自我、抒发情感的写作教学和锻炼口语、交流思想的口语交际教学，都蕴含着丰富的文化元素，都可以成为传承文化、培育人才的有效手段。

在识字教学中，学生初识汉字，不仅是在学习一种文字符号，更是在接触一种文化、一种历史。每一个汉字都承载着丰富的文化内涵，都体现了古人的

智慧和情感。例如"家"字，上为"宀"，表示房屋；下为"豕"，即猪。古代生产力低下，人们多在居住的地方养猪，所以居住的地方有猪就成了人家的标志，也寄托着古人对家的美好期许——安居乐业，丰衣足食。教师通过讲解汉字的字形、字义，引导学生感受汉字的文化魅力，不仅可以让学生更加深刻地理解汉字，还能够激发他们对中华文化的兴趣和热爱。

在阅读教学中，一篇篇经典的文学作品更是文化的瑰宝。通过阅读这些作品，学生可以穿越时空，与古人对话，感受不同历史时期的文化风貌。无论是古代的诗词歌赋，还是现代的小说散文，都蕴含着作者的情感智慧和时代的文化底蕴。教师在阅读教学中，不仅要引导学生理解文本内容，更要引导学生深入挖掘文本背后的文化内涵，让学生在阅读的过程中受到文化的熏陶和感染。

在写作教学中，学生运用语言文字表达自我、抒发情感，这本身就是一种文化的传承和创新。教师通过引导学生观察生活、体验情感、积累素材，让学生用自己的笔触去描绘世界、表达情感。在这个过程中，学生不仅提高了自己的写作能力，更在潜移默化中受到文化的熏陶和影响。他们在作文中，会不自觉地流露出对中华文化的热爱和敬仰。

在口语交际教学中，学生运用口语进行交流、表达思想，这同样是一种文化的传播和交流。教师通过创设真实的交际情境，引导学生运用得体的语言进行交际，不仅可以提高学生的口语表达能力，更能够让学生在交际的过程中感受到中华文化的魅力和价值。例如，在介绍中国的传统节日时，教师可以通过引导学生讲述节日的习俗、历史渊源等，让学生更加深入地了解传统节日的文化内涵和价值意义。

（二）整体性：文化育人关注学生整体素养的提升

文化育人作为一种全面而深入的教育理念，在语文教学中注重对学生整体素养的提升。文化育人整体性不仅体现在对学生知识的传授上，更体现在对学生能力、情感、态度、价值观等方面的全面关注上。它旨在通过文化的力量，培育出既有知识，又有文化，既有技能，又有人文精神的新时代人才。

在知识层面，文化育人强调学生对语文基础知识的掌握和运用。这包括字词句的积累、语法规则的掌握、文学常识的了解等。通过系统的语文教学，学

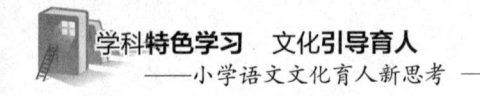

生可以构建完备的语文知识体系，为后续的深入学习和全面发展打下坚实的基础。但文化育人的目标远不止于此。

在能力层面，文化育人注重培养学生的各项语文能力，如阅读理解能力、写作能力、口语表达能力等。这些能力的培养不仅有助于学生更好地应对学习和生活中的各种困难，更能够为他们的终身学习和全面发展提供有力的支持。例如，通过大量的阅读和写作训练，学生可以提高自己的阅读理解和写作能力；通过口语交际和演讲等活动，学生可以锻炼自己的口语表达能力和人际交往能力。

在情感态度和价值观层面，文化育人更加关注学生的内心世界和精神成长。它旨在通过文化的熏陶和感染，引导学生形成积极向上的情感态度和价值观。积极向上的情感态度和价值观不仅有助于学生的身心健康和人格完善，更能够为他们的未来发展提供正确的方向指引。例如，通过学习古代先贤的思想和品德，学生可以受到他们的熏陶和影响，从而形成正确的道德观念和价值取向；通过了解不同文化背景下的思想观念和社会现象，学生可以拓宽自己的视野和思维方式，形成开放包容的世界观和人生观。

为了实现文化育人的整体性目标，教师在语文教学中需要采取多种有效的教学方法和手段。例如，教师可以通过情境创设、角色扮演等方式激发学生的学习兴趣和积极性；可以通过小组合作、讨论交流等方式培养学生的团队协作能力和批判性思维；还可以通过课外阅读、社会实践等方式拓宽学生的视野，丰富实践经验。这些教学方法和手段的运用不仅可以提高语文教学的效果和质量，更能够让学生在轻松愉悦的氛围中感受到文化的魅力和价值。

（三）实践性：文化育人中的学生实践体验与中华文化魅力的感悟

实践性是文化育人理念中的重要一环，它强调学生在亲身参与中感受中华文化的魅力，从而增强对民族文化的认同感和自豪感。在语文教学中，实践性的体现尤为突出，各种语文实践活动的组织与实施，为学生打开了一扇通向中华文化宝库的大门。

经典诵读是语文实践活动中最具代表性的一种。通过诵读古代诗词、散文等经典作品，学生不仅能够锻炼自己的口语表达能力，更能够在抑扬顿挫的韵律中感受中华文化的韵律美和意境美。例如，诵读《诗经》中的《关雎》《卷耳》等篇章，学生可以感受到古代爱情的纯真与美好；诵读《楚辞》中的《离骚》，学生可以领略到屈原的豪迈奔放和忧国忧民之情。在诵读的过程中，学生仿佛穿越时空，与古人对话，心灵得到洗涤和升华。

除了经典诵读，文化讲座也是语文实践活动中的一种重要形式。通过邀请专家学者或文化名人走进校园，为学生讲解中华文化的历史渊源、思想内涵、艺术价值等，可以让学生更加全面深入地了解中华文化的博大精深。例如，关于"儒家思想与中国传统文化"的讲座，可以帮助学生理解儒家思想在中国传统文化中的核心地位及其对社会道德、教育等方面的影响；关于"中国书法艺术"的讲座，则可以引导学生欣赏书法艺术的美，感受汉字作为书法艺术载体的独特魅力。

文学社团则是学生自发组织的语文实践活动。在文学社团中，学生可以结合自己的兴趣和特长，进行文学创作、阅读分享、作品赏析等活动。通过参与文学社团的活动，学生不仅可以提高自己的文学素养和创作能力，更能够在与同龄人的交流中拓宽自己的文化视野，拓展思维方式。例如，在文学社团中组织一次关于"青春与成长"的主题征文活动，就可以触发学生对青春的思考和对成长的感悟；组织一次关于某部经典文学作品的读书会，则可以引导学生深入解析作品的主题思想、人物形象和艺术特色。

通过这些语文实践活动的组织与实施，学生可以在亲身参与中感受中华文化的魅力。实践性的教育方式不仅能够激发学生的学习兴趣和积极性，更能够增强他们对民族文化的认同感和自豪感。当学生在经典诵读中感受到诗词的韵律美和意境美时；当他们在文化讲座中了解到中华文化的博大精深、在思考中体会到传统文化的现代价值时；当他们在文学社团中创作出文学作品、在交流中拓宽自己的文化视野时……他们就会更加深刻地认识到中华文化的独特魅力和价值所在，从而更加坚定地肩负起传承与弘扬中华文化的重任。

（四）创新性：文化育人中的传统文化传承与创新意识的培养

创新性是文化育人理念的灵魂所在，它鼓励在传承中华优秀传统文化的基础上进行创新，通过引导学生对传统文化进行现代解读和拓展延伸，培养他们的创新意识和创新能力。在语文教学中，创新性的体现不仅在于对传统文化的传承，更在于对传统文化的创新。

对传统文化的传承是创新的基础。在语文教学中，教师要引导学生深入学习和理解传统文化的内涵和价值，让他们真正掌握传统文化的精髓。例如，通过学习古代诗词、散文等经典作品，学生可以了解到古人的思想观念、审美情趣和艺术追求；通过学习古代历史、哲学等学科知识，学生可以领悟到传统文化的智慧和深邃。只有当学生真正掌握了传统文化的内涵和价值时，他们才能够在传承的基础上进行创新。

对传统文化的创新是文化育人的重要目标。在传承传统文化的过程中，学生需要结合当下的时代背景和自身的生活经验，对传统文化进行现代解读和拓展延伸。创新不仅是对传统文化的丰富和发展，更是对学生创新意识和创新能力的培养。例如，在学习古代诗词时，教师可以引导学生运用现代的语言和表达方式对古诗词进行改编或创作；在学习历史故事时，教师可以鼓励学生从不同的角度和视角对历史事件进行重新审视和评价。这些创新性的学习活动不仅可以激发学生的学习兴趣和创造力，更能够让他们在创新的过程中加深对传统文化的理解和认同。

文化育人中的创新性还体现在对语文教学方式的改革上。传统的语文教学方式往往注重知识的灌输和应试技巧的训练，而忽视了对学生创新意识和创新能力的培养。因此，在文化育人的理念下，教师需要转变教学方式，注重学生的主体性和实践性，引导学生在探究中学习、在实践中创新。例如，教师可以采用小组合作、项目式学习等教学方式，让学生自主选择研究课题、设计方案并进行实践探究；教师还可以利用现代信息技术手段如多媒体、网络等，为学生呈现更加生动、形象的文化课堂。这些改革不仅能够提高语文教学的效果和质量，更能够让学生在轻松愉悦的氛围中感受到文化的魅力和价值，从而激发他们的创新意识和创新精神。

三、小学语文文化育人原则

《义务教育语文课程标准（2022年版）》立足课程教材培根铸魂、启智增慧的作用，在课程目标、课程内容、课程实施部分均提出了文化育人的明确要求。尤其值得关注的是，课标在课程目标部分把文化自信排在了核心素养内涵的首位。课标指出：文化自信是指学生认同中华文化，对中华文化的生命力有坚定信心。通过语文学习，热爱国家通用语言文字，热爱中华文化，继承和弘扬中华优秀传统文化、革命文化、社会主义先进文化，关注和参与当代文化生活，初步了解和借鉴人类文明优秀成果，具有比较开阔的文化视野和一定的文化底蕴。

落实课标精神，把握语文课程以文化人的核心价值追求，要求我们认识文化教育的重要性，理解语文课程与文化的关系，切实实现语文课程文化育人的功能。

（一）必须坚持社会主义核心价值观的引领

小学语文文化育人中，坚持社会主义核心价值观的引领，是塑造学生良好品格、培养他们成为有理想、有道德、有文化、有纪律的公民的关键，这一原则不仅关乎知识的传授，更关乎价值的引领和品格的塑造。

社会主义核心价值观是当代中国精神的集中体现，它凝聚了全体人民共同的价值追求。小学语文教学作为基础教育的重要组成部分，应当肩负起培育和践行社会主义核心价值观的重任。通过语文教学，我们要向学生传递正能量，引导他们树立正确的世界观、人生观和价值观。

在教学中，教师可以选取体现社会主义核心价值观的文学作品，让学生在阅读和学习过程中感受到爱国主义、集体主义、诚信友善等价值观的力量。例如，通过学习描写英雄人物的课文，可以激发学生的爱国情怀；通过阅读关于诚实守信的故事，可以培养学生的诚信品质。

教师还可以结合语文实践活动，如主题演讲、情景剧表演等，让学生在亲身体验中深化对社会主义核心价值观的理解。通过这些活动，学生不仅能够提升语文水平，还能在潜移默化中接受社会主义核心价值观的熏陶。

（二）必须坚持学科（课程）核心素养导向

学科核心素养是学生在学科学习中应形成的必备品格和关键能力。对于小学语文文化育人而言，坚持学科核心素养导向，意味着我们要以培养学生的语文核心素养为目标，注重提升学生的语言建构与运用、思维发展与品质、文化传承与理解等综合能力。

语言建构与运用是语文学科的核心素养之一，在文化育人过程中，我们要注重培养学生的语言表达能力，通过阅读、写作、口语表达等多种方式，提升学生的语言素养。例如，在阅读教学中，教师可以引导学生深入理解文本，培养他们的阅读理解能力；在写作教学中，教师可以指导学生写作技巧和写作思路，提高他们的写作水平。

思维发展与提升也是语文学科的重要素养，我们要通过语文教学培养学生的逻辑思维能力、批判性思维和创造性思维能力。在语文教学中，教师可以引导学生对文学作品进行深入分析，培养他们的思辨能力；同时，教师还可以鼓励学生进行文学创作，激发他们的创造力和想象力。

文化传承与理解是语文学科不可或缺的一部分，语文教学不仅是语言的教学，更是文化的教学。我们要通过语文教学让学生了解和传承中华优秀传统文化，培养他们的文化自信。在教学中，教师可以结合课文内容，向学生介绍相关的文化背景和历史知识，让他们在学习中感受中华文化的博大精深。

（三）必须坚持学科明线与育人暗线相融合

小学语文文化育人既要求注重知识的传授，更要关注学生的全面发展。因此，我们必须坚持学科明线与育人暗线的融合，即在传授语文知识的同时，注重对学生的思想品德、情感态度和价值观的培养。

我们要深入挖掘语文教材中的育人资源，因其既承载着系统的语言文字知识，又蕴含着丰富的思想文化内涵，既能有效提升学生的语文素养，更能潜移默化地培养学生道德品质，塑造价值观念。例如，通过学习描写自然景观的课文，可以培养学生的环保意识和审美情趣；通过学习关于人物品质的课文，可以引导学生学习优秀品质，树立正确的人生观和价值观。

在文化育人中，要注重语文教学中的德育渗透。德育是教育的重要组成部分，也是小学语文教学的重要任务之一。在教学中，教师要结合课文内容，适时地进行德育渗透，引导学生在学习语文知识的同时，树立正确的道德观念和行为习惯。例如，在学习关于诚实守信的课文时，教师可以引导学生讨论诚信的重要性，培养他们的诚信品质；在学习关于爱国主义的课文时，教师可以激发学生的爱国情怀和责任意识。

语文学科育人过程中，要注重学科明线与育人暗线的有机结合。在语文教学中，我们要明确语文教学的目标和任务，既要注重语文知识的传授，又要关注学生的全面发展。我们要通过丰富多样的教学手段和活动形式，将学科明线与育人暗线有机融合起来，实现教书与育人的统一。例如，我们可以组织文学社团、开展读书活动等，让学生在实践中提升语文素养和道德品质。

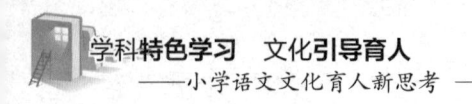

第四节　文化导向下小学语文学科育人新格局建构

在文化的浩瀚海洋中，小学语文教育正扬帆起航，探索育人的新格局。以文化为导向，我们追求培养具备国际视野、深厚文化素养和审美情趣的学子，让他们在改革创新的课堂中汲取智慧，于和谐共融的环境中茁壮成长，最终绽放出属于新时代的创造之光。这是一场关于文化传承与创新的旅程，小学语文学科正承载着希望与梦想，引领学生在文化的熏陶下书写人生的华章。

一、文化导向下小学语文学科育人新追求

在文化导向下，小学语文学科育人的新追求已然浮现，那便是培养具有国际视野、文化素养和审美情趣的全面发展的学生。这一追求，不仅是对传统语文教学目标的继承和发扬，更是对新时代育人要求的积极响应和深刻践行。

具有国际视野是小学语文学科育人的重要目标之一，在全球化的时代背景下，国际交流与合作日益频繁，具备国际视野的人才需求愈发凸显。小学语文教学作为基础教育的重要组成部分，理应承担起培养具有国际视野学生的重任。为此，教师需要在教学中引入多元文化元素，让学生了解不同国家的文化和历史，尊重和理解不同文化背景下的思维方式和生活方式。学校还应积极开展国际交流活动，如组织国际文化节、与国外学校建立友好关系等，为学生提供更广阔的视野和更丰富的体验。通过这些努力，学生能够更加自信、开放地面对世界，积极融入全球化的社会环境。

文化素养是小学语文学科育人的核心要义，语文作为文化的载体和传播工具，肩负着传承和弘扬民族文化的重任。在小学语文教学中，教师应注重引导学生阅读经典文学作品，让他们在阅读中感受中华文化的博大精深和独特魅力。教师还应关注学生的语言文字技能的培养，通过听说读写等实践活动，提高学生的语言表达能力和文学鉴赏能力。学校应营造良好的文化氛围，如建设校园文化墙、举办文化讲座等，让学生在耳濡目染中受到优秀文化的熏陶和影响。这些措施的实施能够让学生更加深入地了解民族文化，增强文化自信和民族认同感。

审美情趣是小学语文学科育人的重要内容之一，美是生活的重要元素，生活是美的源泉和动力，审美情趣的培养有助于学生发现生活中的美、欣赏美并创造美。在小学语文教学中，教师应通过优美的诗文、生动的描写等文学元素，激发学生的审美情感，培养他们的审美情趣。教师还可以结合学生的生活实际，引导他们观察自然、感受社会、体验生活，从中发现美的存在和价值。学校还可以通过艺术教育、校园文化建设等途径，为学生提供更多元、更丰富的审美体验。通过这些努力，学生能够更加敏锐地发现和感受生活中的美，提升自己的生活品质和幸福感。

为了实现上述育人新追求，小学语文教学还需要在教学方法、教学资源等方面进行改革和创新。教师应转变传统的教学观念和方法，注重学生的主体性和参与性，采用情境教学、项目式学习等多样化的教学方式，激发学生的学习兴趣和主动性。学校还应积极开发和利用教学资源，如建设数字化教学资源库、开展校际合作等，为教学提供更加丰富、更加优质的教学资源支持。

小学语文教学还需要与家庭教育、社会教育等形成合力，共同营造良好的育人环境。家长应积极配合学校的教育工作，关注孩子的语文学习情况和成长发展，为他们提供必要的支持和帮助。社会也应为小学语文教学提供必要的支持和保障，如加强语文教育的舆论宣传、提供实践机会等。通过这些努力，我们能够共同推动小学语文学科育人新追求的实现，培养出更多具有国际视野、文化素养和审美情趣的全面发展的学生。

二、文化导向下小学语文学科育人新课堂

在文化导向下，小学语文学科的课堂正经历着一场深刻的变革。传统的语文课堂往往以知识的灌输和技能的训练为主导，而忽视了对学生文化素养和人文精神的培养。然而，随着时代的发展和教育理念的更新，我们越来越认识到，语文课堂不仅仅是传授知识的场所，更是培养学生综合素质，塑造他们精神世界的重要阵地。因此，构建一个开放、多元、互动的小学语文课堂，成为我们当前的重要任务。

开放是小学语文新课堂的重要特征之一，这里的开放不仅指教学内容的开放，更包括教学过程的开放和教学评价的开放。在教学内容上，我们不再局限于课本和教材，而是积极引入课外资源，如经典文学作品、历史文化知识、社会热点话题等，让课堂变得更加丰富多彩。在教学过程中，我们鼓励学生积极参与、大胆发言，允许他们提出自己的疑问和见解，让课堂成为思想碰撞和交流的场所。在教学评价上，我们不再单一地以考试成绩作为衡量标准，而是注重学生的全面发展，关注他们在学习过程中的表现和进步。

多元是小学语文新课堂的又一重要特征，多元主要体现为教学方法的多元、教学手段的多元以及学生学习方式的多元。在教学方法上，我们不再拘泥于传统的讲授式教学，而是积极尝试情境教学、项目式学习、合作学习等多种教学方法，以激发学生的学习兴趣和主动性。在教学手段上，我们充分利用现代信息技术手段，如多媒体、网络等，为课堂教学提供更加丰富、更加生动的教学资源。在学生学习方式上，我们鼓励学生自主学习、探究学习、合作学习等，以培养他们的创新精神和实践能力。

互动是小学语文新课堂不可或缺的元素，在传统的课堂中，教师往往是知识的传授者，学生则是被动的接受者。然而，在新的课堂中，我们强调教师与学生之间、学生与学生之间的互动和交流。通过互动，教师可以及时了解学生的学习情况和思想动态，调整教学策略和方法；学生可以及时得到教师的反馈和指导，纠正自己的错误和不足。互动还可以营造一种轻松、和谐的学习氛围，让学生在快乐中学习、在交流中成长。

为了实现上述目标，我们在小学语文新课堂中还需要注意以下几点：

一是注重学生的情感体验。语文是一门人文性很强的学科，它涉及人的思想、情感、价值观等方面。因此，在小学语文教学中，我们不仅要关注学生的知识掌握情况，更要关注他们的情感体验和精神成长。我们可以通过引导学生阅读优美的诗文、感人的故事等文学作品，让他们感受到人性的美好和生命的价值；通过组织学生参与各种语文实践活动，让他们在实践中体验成功的喜悦和失败的痛苦；通过关注学生的个体差异和特殊需求，让他们感受到教师的关爱和尊重。这些情感体验的积累，将有助于学生形成健全的人格和良好的心理品质。

二是培养学生的批判性思维。批判性思维是一种重要的思维能力，它有助于学生独立思考、判断是非、解决问题。在小学语文教学中，我们可以通过引导学生对文本进行深入解读、对作者观点进行客观评价、对社会现象进行理性分析等方式，培养他们的批判性思维。我们还可以通过组织课堂讨论、辩论等活动，让学生在交流中锻炼自己的口才和思辨能力。这些能力的培养，将有助于学生在未来的学习和生活中更加自信、更加理性地面对各种挑战和困难。

三是加强学生的语文实践。语文是一门实践性很强的学科，它需要通过大量实践来提高学生的语言运用能力和文学鉴赏能力。因此，在小学语文教学中，我们应注重学生的语文实践，如写作、阅读、口语表达等。通过写作实践，学生可以锻炼自己的文字表达能力和逻辑思维能力；通过阅读实践，学生可以拓宽自己的视野和知识面；通过口语表达实践，学生可以提高自己的口语交际能力和自信心。这些实践活动的开展，将有助于学生在语文学习中实现知行合一、学以致用。

三、文化导向下小学语文学科育人新环境

随着时代的变迁和社会的发展，教育作为培养人的重要途径，也在不断地进行着改革和创新。小学语文学科作为基础教育的重要组成部分，其育人环境的构建显得尤为重要。在文化导向下，小学语文学科育人新环境的构建需要注重整体性、协调性、动态性、发展性、实效性和可持续性，以营造一个积极向上、和谐共处的育人氛围，为学生的全面发展提供有力的支持和保障。

学科**特色学习** 文化引导育人
——小学语文文化育人新思考

  学校作为教育的主阵地，在营造小学语文学科育人新环境中起着举足轻重的作用。学校应该注重校园文化的建设，通过举办各种文化活动、创建文化墙、设立图书角等方式，让校园的每一个角落都弥漫着文化的气息。文化氛围的营造不仅能够使学生在潜移默化中受到优秀文化的熏陶和影响，提高他们的文化素养和审美情趣，还能够增强学生对学校的归属感和认同感，从而使他们更加积极地投入学习和生活中。为了营造育人文化氛围，学校可以定期组织文化节、文艺汇演、诗词朗诵等活动，让学生有机会展示自己的才艺和成果；可以邀请文化名人、专家学者等进校园，为学生举办讲座、研讨会等活动，拓宽学生的视野和知识面。学校还可以通过设立文化墙、图书角等方式，为学生提供更加便捷的文化学习途径和资源。

  除了学校文化的建设外，班级文化也是小学语文学科育人新环境构建的重要组成部分。班级作为学生学习和生活的基本单位，其文化氛围的营造对于学生的成长和发展具有重要影响。教师应该引导学生共同制定班级公约、设立班级目标、创建班级特色等，营造一个积极向上、团结友爱的班级氛围。在良好的班级文化氛围中，学生能够感受到集体的温暖和力量，从而更加自信、勇敢地面对学习和生活中的挑战。为了培育班级文化，教师可以定期组织班会、主题活动等，让学生有机会表达自己的想法和意见，增强他们的参与感和归属感；还可以根据学生的兴趣和特长，组织各种兴趣小组和社团活动，让学生在共同的兴趣和爱好中找到归属感和成就感。教师还可以通过设立班级荣誉榜、优秀作品展等方式，激励学生不断进步和成长。

  学校和教师还应该注重对多元文化的尊重和包容。在全球化的今天，不同文化之间的交流和融合已经成为一种趋势。学校应该积极引入多元文化元素，让学生了解不同文化背景下人们的思维方式和生活方式，培养他们的跨文化交流能力和创新思维能力。教师应该尊重学生的个性差异和文化背景，采用多样化的教学方式和手段，以满足不同学生的学习需求和发展需要。多元文化的尊重和包容，不仅能够拓宽学生的视野和知识面，还能够培养他们的开放心态和包容精神，为未来的国际交流和合作打下坚实的基础。

  除了学校和教师的努力外，家庭和社会也应该为小学语文学科育人新环境的构建贡献力量。家庭作为学生成长的摇篮，其语言环境和文化环境对学生的影响深远。家长应该注重与孩子的沟通交流，引导他们正确使用语言文字，培养他们的阅读兴趣和良好习惯。家长还应该积极参与学校的教育活动，与学校形成教育合力，共同促进孩子的全面发展。社会作为学生成长的广阔天地，其语言环境和文化环境同样重要。社会各界应该共同营造一个尊重知识、崇尚文化的社会氛围，为学生提供更加广阔的学习平台和实践机会。家庭要通过以下几种方式为小学语文学科育人新环境的构建贡献力量：首先，家长可以注重家庭文化氛围的营造，如定期购买图书、订阅报刊等，为孩子提供良好的阅读环境和资源；其次，家长可以与孩子共同制订学习计划，培养他们的自主学习能力和时间管理能力；最后，家长还可以积极参与学校的教育活动，如家长会、亲子活动等，了解孩子在学校的学习情况和发展状况，与学校共同关注孩子的成长和进步。

社会则可以通过以下几种方式为小学语文学科育人新环境的构建提供支持：首先，图书馆、博物馆、文化馆等公共文化场所应该向学生免费开放或提供优惠票价，为他们提供更加广阔的学习平台和实践机会；其次，企业、社区等社会组织也可以开展各种形式的文化活动或提供实践岗位等，如举办文化讲座、开展社区服务等活动，让学生在亲身实践中感受语文的魅力并培养他们的社会责任感；最后，社会各界还可以通过捐赠图书、设立奖学金等方式支持教育事业的发展，为小学语文学科育人新环境的构建提供物质保障和资金支持。

四、文化导向下小学语文学科育人新创造

创造，作为人类社会进步的动力和源泉，对于个体的成长和社会的发展都具有重要意义。文化导向下，小学语文学科育人新创造的培养显得尤为重要。这不仅要求教师在教学中注重激发学生的想象力和创新思维，更需要学校和社会共同营造一个宽松自由的创造环境，让学生在实践中不断尝试、不断创新，从而实现自我价值的提升，为社会作出更大贡献。

教师在小学语文教学中应该注重激发学生的想象力和创新思维。想象力是创造的源泉，是学生理解世界、创造新事物的重要工具。教师可以通过设计富有启

发性的教学情境、引入多元化的教学资源、运用灵活多样的教学方法等手段，激发学生的想象力，引导他们从不同的角度和层面去思考问题、解决问题。教师还应该鼓励学生勇于尝试、勇于创造，对于他们的奇思妙想和独特见解给予充分的肯定和支持，让他们在尝试和创造中感受到成功的喜悦和自信的力量。

为了培养学生的创新思维，教师还可以在教学中引入一些创新性的元素和活动。例如，教师可以组织学生进行创意写作、编创故事等活动，让他们在实践中锻炼自己的创新思维和表达能力。教师还可以引导学生关注社会热点问题，鼓励他们从不同的角度和层面去分析问题、提出解决方案，培养他们的批判性思维和创新能力。

学校和社会也应该为学生提供一个宽松自由的创造环境。学校可以通过举办各种创新竞赛、设立创新实验室等方式，为学生提供一个展示自己创新成果的平台和机会。学校还可以与社会企业、科研机构等合作，为学生提供更加广阔的创新实践舞台，让他们在实践中不断尝试、不断创新。社会则可以通过各种渠道宣传创新理念、推广创新成果，营造一个尊重创新、鼓励创新的社会氛围。

在宽松自由的创造环境中，学生能够更加自信、勇敢地面对挑战和困难，不断挖掘自己的潜力和价值。他们可以通过实践锻炼自己的创新思维和实践能力，提高自己的综合素质和社会竞争力。他们还可以在实践中不断积累经验和知识，为未来的创新创造打下坚实的基础。

家庭也是培养学生创造精神和创造能力的重要场所。家长应该注重与孩子的沟通交流，了解他们的兴趣和特长，鼓励他们勇于尝试、勇于创新。家长可以通过与孩子共同阅读、讨论书籍、观看影视作品等方式，拓宽孩子的视野和知识面，激发他们的创新思维和想象力。家长还可以引导孩子参与一些家庭创新活动，如家庭科技制作、家庭园艺等，让孩子在实践中锻炼自己的动手能力和创新能力。

我们还需要认识到，培养学生的创造精神和创造能力是一个长期而复杂的过程。这需要我们在教育实践中不断探索和创新，不断完善和优化教育方式和手段。我们相信，在各方面的共同努力下，我们一定能够培养出更多具有创造精神和创造能力的新时代学生，为社会的进步和发展注入新的活力和动力。

第二章 2

文化导向下引领学生全面发展

小学语文，作为学生初识世界的窗口，承载着传递文化、塑造品格的重要使命。在这门学科的深处，不仅流淌着汉字的智慧之泉，更蕴含着德育、体育、审美、劳动等多元文化的精髓。当我们在学生的心田播撒语文的种子时，实则是在为他们绘制一幅五彩斑斓的人生画卷。德育，是画卷的底色，它让学生学会做人之本，立身之基；知识，是画卷的线条，它勾勒出世界的轮廓，引领学生探索未知的奥秘；体育，是画卷的活力，它赋予学生强健的体魄，让他们在人生的征途上勇往直前；审美，是画卷的色彩，它教会学生欣赏美、创造美，让他们的生活更加绚烂多彩；劳动，是画卷的笔触，它让学生在辛勤的汗水中收获成长的果实，体悟劳动的伟大与崇高。因此，我们在小学语文的教学中，不仅要传授语言文字的知识，更要融入德育、知识、体育、审美、劳动等文化理念。让学生在学习的过程中，不仅收获知识与技能，更能涵养品性、陶冶情操、锻炼身体、提高审美、培养劳动精神。这样的教育，才是真正意义上的全面教育，才能培养出既有知识，又有文化，既有品德，又有才能的新时代少年。

第一节　小学语文教学中融入德育文化理念

小学语文，不仅是文字的启蒙，更是品德的熏陶。在这片充满童真的天地里，每一个字、每一篇文章都蕴藏着深厚的德育智慧。通过对教材的深入挖掘、情境的巧妙创设，以及实践活动的顺利开展，教师引领学生在语言文字的海洋中感悟人生的真谛，培育他们内心的善良与美好。而教师作为学生成长路上的引路人，更应以身作则，用高尚的师德为学生撑起一片道德的晴空。

一、小学语文的德育价值

小学语文，作为学生初识世界的窗口，其重要意义远不止于传授语言文字知识。在更深层次，它是一门蕴含着丰富德育资源的学科，对于学生道德品质的培养、人格的塑造以及社会的和谐发展都具有不可替代的价值。

（一）培养学生道德品质

小学语文教材中蕴含着丰富的德育资源，这些资源以文字为载体，通过生动的故事情节、鲜活的人物形象、深刻的道理阐述等方式，向学生们传递正确的道德观念和价值观。例如，《小马过河》《在牛肚子里旅行》等课文，通过讲述动物之间的故事，向学生们弘扬了善良、友爱、谦让等美好品质，引导他们在日常生活中践行这些品质。

小学语文教学中的阅读、写作等实践活动也是培养学生道德品质的重要途径。在阅读过程中，学生们可以接触到更多的优秀文学作品，这些作品中所蕴含的道德观念和价值取向会潜移默化地影响他们的思想和行为。在写作过程中，学生们可以通过文字表达自己的情感和观点，进一步加深对道德观念的理解和认同。

（二）塑造学生健全人格

小学语文教学不仅关注学生知识的学习，更注重学生情感的体验和人格的塑造。在教学过程中，教师可以通过创设情境、引导想象、组织讨论等方式，丰富学生们的情感体验，让他们在感受语言文字之美的同时也能够感受到人性的光辉和生命的力量。例如，在讲解《父爱之舟》这篇课文时，教师可以引导学生们深入体会父爱之伟大与深沉，从而培养他们感恩父母、珍惜亲情的品质。

小学语文教学还可以通过开展丰富多彩的课外活动来塑造学生的健全人格。例如，组织诗歌朗诵比赛、故事会宣讲、课本情景剧表演等活动，不仅可以锻炼学生们的语言表达能力和组织能力，还可以让他们在参与过程中体验到成功的喜悦和团队合作的力量，从而培养他们的自信心和团队协作精神。

（三）传承中华优秀传统文化

小学语文作为中华优秀传统文化的重要载体之一，对于传承和弘扬中华优秀传统文化具有重要意义。在小学语文教材中，不仅包含了大量的古诗词、文言文等经典篇目，还涉及历史、地理、民俗等多个方面的文化知识。通过学习这些内容，学生们可以更加深入地了解中华民族的历史和文化底蕴，增强民族自豪感和文化自信心。

小学语文教学还可以通过开展经典诵读、传统文化讲座等活动来进一步传承和弘扬中华优秀传统文化。这些活动不仅可以让学生们亲身感受到传统文化的魅力和价值所在，还可以激发他们对传统文化的兴趣和热爱之情。

（四）促进社会和谐发展

小学语文教学的德育价值还体现在它对于社会和谐发展的促进作用上。一个具备良好道德品质、健全人格和深厚文化底蕴的人会更加关注社会的公平正义和关爱他人，从而积极参与社会公益活动并为社会作出积极贡献。这样的人不仅会成为社会发展的中坚力量、中流砥柱，还会为社会的和谐稳定发展提供有力保障。

因此，小学语文教学应该注重培养学生的社会责任感和公民意识，让他们从小就树立为社会做贡献的远大志向并付诸实践行动。小学语文教学还应该加强与家庭、社区等各方面的联系与合作，共同为学生营造一个良好的成长环境并促进他们全面而健康地发展。

二、小学语文的德育内容

小学语文，宛如一座巍峨的道德殿堂，以文字为砖瓦，情感为梁栋，构筑起学生心灵的栖息地。在这里，爱国主义教育如晨曦的第一缕阳光，照亮学生对祖国的热爱与忠诚；集体主义教育如和煦的春风，吹拂着学生团结协作、奉献社会的嫩芽；诚信教育如清澈的泉水，涤荡着学生的心灵，让他们以诚待人、信守承诺；环保教育如绿色的屏障，守护着学生对自然的敬畏与珍爱；感恩教育则如甘甜的雨露，滋润着学生知恩图报、回馈社会的心田。在这座殿堂里，学生不仅学到了知识，更在德育的熏陶下，逐渐成长为有理想、有道德、有文化、有纪律的新时代少年。

（一）爱国主义教育

爱国主义是中华民族的精神支柱，也是小学语文德育的核心内容之一。小学语文教材编选了大量反映祖国历史、文化、地理等知识的课文，通过生动的故事、优美的诗文、形象的图片等形式，向学生展示了祖国的伟大和民族的优秀，以此激发他们的爱国情感和民族自豪感。

例如，《开国大典》这篇课文，详细描绘了新中国成立时的盛况，让学生感受到祖国从屈辱到振兴的艰辛历程，从而培养他们的爱国情怀和民族自尊心。在学习《少年中国说》一课时，学生通过自由朗诵、分角色朗诵、表演朗诵等方式读出内心的自豪，读出对祖国的一片深情。课文"阅读链接"《詹天佑》《难忘的一课》等文章也都从不同的角度向学生展示了祖国的伟大和民族的优秀，引导他们树立为中华之崛起而读书的远大志向。

（二）集体主义教育

集体主义是中华民族的传统美德之一，也是现代社会所倡导的重要价值观念。在小学语文教学中，通过讲述英雄人物、先进事迹等故事，引导学生学习

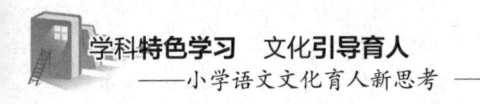

他们的集体主义精神，培养他们的团队协作意识和奉献精神。

例如，《金色的鱼钩》这篇课文讲述了红军长征途中的感人事迹。通过学习这篇课文，学生不仅可以了解到红军战士们在极端恶劣的环境下相互扶持、共渡难关的集体主义精神，还能够学会在日常生活中关心他人、团结协作的优秀品质。《狼牙山五壮士》《金色的鱼钩》等课文还向学生展示了英雄们为了集体利益而无畏牺牲的精神气概，激励他们在生活中也要秉持集体主义精神。

（三）诚信教育

诚信是做人的基本准则之一，也是小学语文德育的重要内容之一。小学语文教材选取了许多反映诚信主题的课文和故事，通过生动的情节和人物形象，引导学生理解诚信的重要性，培养他们的诚实守信品质。

例如，《我不能失信》讲述的是宋庆龄小时候诚实守信的故事。通过对课文的学习，学生感受到宋庆龄诚实守信的可贵品质，在思想上受到熏陶和感染，他们在做人做事方面获得启示。

（四）环保教育

随着环境问题日益严峻，环保教育已经成为小学语文德育中不可或缺的一部分。小学语文教材选取了许多反映环保主题的课文，引导学生了解环境保护的重要性，培养他们的环保行为习惯和生态文明意识。

例如，《只有一个地球》这篇课文向学生介绍了地球的珍贵和脆弱性以及保护地球环境的紧迫性。通过学习这篇课文，学生能更加深刻地认识到环保对于人类生存和发展的重要意义，从而在日常生活中自觉践行环保行为。《鸟的天堂》《青山不老》等课文也都从不同的角度向学生展示了自然环境的美丽和宝贵以及保护自然环境的必要性。

（五）感恩教育

感恩是中华民族的传统美德之一，也是现代社会所倡导的重要价值观念之一。在小学语文教学中，通过讲解感恩故事、传统美德等内容，引导学生学会感恩父母、感恩老师、感恩社会等优秀品质。同时培养他们知恩图报、饮水思源的感恩之心和回馈社会的责任感。

例如，《慈母情深》选自著名作家梁晓声的亲情小说《母亲》。作者怀着一颗感恩的心捕捉了少年时期生活的一个镜头：母亲不顾同事的劝阻，毫不犹豫地给钱让"我"买《青年近卫军》的事。通过这篇课文的学习，可以体会到平凡母亲的伟大，感受伟大的母爱，从而触发孩子热爱母亲的思想感情。

《吃水不忘挖井人》等课文也都向学生传递了感恩他人、回馈社会的价值观念。在学习这些课文时，教师可以通过创设情境、组织讨论等方式引导学生深入体会其中蕴含的感恩情感和道理，从而培养他们的感恩之心和回馈社会的责任感。

除了上述几个方面的德育内容外，小学语文还涉及其他许多方面的德育内容。例如，《七律·长征》让学生感受到革命前辈的坚韧不拔和乐观主义精神；《桂林山水》《富饶的西沙群岛》等则引导学生领略自然之美并产生热爱大自然的情感。这些课文都以独特的方式向学生传递着正确的道德观念和价值取向，引导他们在成长过程中不断完善自我、提升自我。

三、小学语文的德育路径

在探讨小学语文德育的路径时，我们不禁会想，如何才能更好地将德育理念融入日常的语文教学中，使之不仅停留在知识传授的层面，更能深入学生的内心世界，培养他们的道德品质？小学语文德育，宛如春风化雨，滋润心田，通过深挖教材德育元素、巧设德育情境、开展多彩的实践活动与加强师德建设，让道德的芬芳在语文的花园中绽放，引领学生在知识的海洋中扬帆远航，成长为有德有才的时代新人。

（一）扣紧德育目标，挖掘德育元素

小学语文教材是学生接触语文的第一扇窗口，其中所选取的课文都是经过精挑细选的，不仅文质兼美，更蕴含着丰富的德育元素。教师在教学过程中，要深入研究教材，积极探索语文教学规律，全面把握教学的各个环节，找准德育渗透点，将德育巧妙渗透进去。

例如，"难忘小学生活"这一主题的综合性学习，学生通过读"阅读材料"中的几篇文章，能够感受文章作者对小学生活的无限怀念，对母校、对老师、对同学浓厚的感情。学生通过写临别赠言、简单的倡议书、建议书和演讲

稿等多种形式来表达感情，明白自己的成长离不开教师与学校的道理，从而触发对母校的留恋，对师恩的感激和同学们友谊永存的美好情感，达到德育的效果。

再如，《吃水不忘挖井人》这篇课文，通过讲述毛主席在沙洲坝带领战士和乡亲们深挖水井的故事，歌颂了毛主席时时刻刻为人民着想，为人民服务的好思想、好品质，同时又教育学生懂得珍惜别人的劳动成果，学会感恩。教师在教学过程中，可以通过组织学生进行角色扮演、情景模拟等方式，再现当年挖井的情景，让学生亲身体验劳动的艰辛和不易。同时引导他们思考，我们在现实生活中是否也曾经得到过他人的帮助？是否也应该像沙洲坝的乡亲们那样，懂得感恩、回馈他人？通过这样的教学方式，学生不仅能够更加深刻地理解课文内容，更能在实践中感受道德的力量。

（二）依据教材文本，创设德育情境

情境教学法是一种非常有效的教学方法，它能够让学生置身于特定的情境中，从而更加直观、深刻地理解所学内容。在小学语文德育中，教师也可以根据教学内容和学生的实际情况，创设具有德育效果的情境。

例如，在讲解《圆明园的毁灭》这篇课文时，教师可以通过多媒体展示圆明园毁灭前后的对比图片或视频资料，让学生感受到祖国历史的沧桑和民族的屈辱。然后引导他们想象自己置身于那个时代、那个场景中，会如何看待这件事情？会如何行动？通过这样的情境创设，学生不仅能够更加深刻地理解课文内容，更能激发他们的爱国情感和民族自尊心。

再如，在讲解《为人民服务》这篇课文时，教师可以通过组织学生开展模拟法庭、辩论赛等形式，创设一个关于"为人民服务"的道德讨论场景。让学生围绕这个主题展开激烈的讨论和辩论，让他们在思想碰撞中明确"为人民服务"的意义和价值所在。通过这样的情境创设，学生不仅能够更加深入地理解课文内容，更能在实践中培养他们的团队协作意识和奉献精神。

（三）开展实践活动，强化德育效果

除了课堂教学外，教师还可以通过开展各种德育实践活动来增强小学语文的德育效果。这些活动可以让学生在实践中深化对道德的理解、提升道德素养、锻炼意志品质。

例如，教师可以组织学生参观爱国主义教育基地、革命烈士纪念馆等场所，让学生亲身感受祖国历史的沧桑和民族的奋斗历程。在参观过程中，教师可以结合所学课文进行讲解和引导，让学生更加深刻地理解爱国主义精神的内涵和价值所在。教师还可以组织学生参加社会公益活动，如环保志愿行动、扶贫济困等活动。通过这些活动，学生不仅能够在实践中体验到助人为乐的快乐和社会责任感的重要性，更能培养他们的感恩之心和回馈社会的意识。

再如，教师可以结合课文内容组织相关的主题活动或比赛。如在学习了《慈母情深》等反映亲情的课文后，可以组织一次以"感恩父母"为主题的征文比赛或演讲比赛；在学习了《狼牙山五壮士》等反映英雄事迹的课文后，可以组织一次以"我心中的英雄"为主题的作文比赛或故事分享会。通过这些活动，学生不仅能够在实践中展示自己的才能和风采，更能深化对道德的理解和对美好生活的追求。

（四）引入课外阅读，输入德育理念

由于小学生知识储备少，自我分辨能力也比较弱，因此在落实德育目标时，教师应针对学生的年龄特点、兴趣爱好、思想实际，向学生引入一些价值观积极向上，难易适宜的阅读读物，来拓宽学生的知识面。

在教授《示儿》这首诗时，学生虽然可以流利地朗读整首诗，但对其中所表现出的思想感情并没有准确的体会，特别是作者所处时期的战乱对人民造成的伤害，学生更是无法感同身受。因此，在教授这首诗时，课前我搜集了许多陆游、南宋、北宋等方面的资料，将其补充到教学中，当学生对这些内容有所了解后，再合理引导学生，使学生对陆游的爱国之心产生强烈的感受。在获得新的知识后，让学生深入进行思考，再告诉学生，应该采取怎样的方式热爱自己的国家，从而为学生形成良好的爱国意识提供帮助。在教授这首诗歌结束之后，我再次补充陆游的另一首诗歌《十一月四日风雨大作》让学生更深层次地明白陆游强烈的爱国之情，深切的家国之痛。

综上所述，小学语文德育的路径是多种多样的，既可以通过深入挖掘教

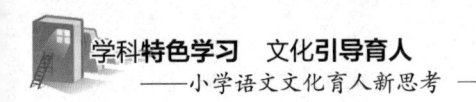

材德育元素来实现课堂教学与德育的有机融合,也可以通过创设德育情境来激发学生的道德情感;还可以通过开展丰富多彩的德育实践活动让学生在实践中深化对道德的理解;更可以通过加强师德建设来为学生树立一个良好的道德榜样。在未来的教育实践中,我们应积极探索更多有效的德育路径,为培养德智体美劳全面发展的社会主义建设者和接班人贡献自己的力量!

第二节 小学语文教学中融入知识文化理念

小学语文教学，如细水长流，将知识文化的甘霖洒向学生的心间，通过课堂教学的基础铺垫、课外阅读的拓展延伸与实践活动的丰富历练，让学生在语文的世界里尽情遨游，领略中华文化的博大精深，感悟语言文字的无穷魅力，滋养智慧之根，绽放生命之花。

一、小学语文知识文化的价值

小学语文知识文化，作为学生初识世界的启蒙教育，其价值不言而喻。它不仅是学生认识世界、理解社会、感悟人生的重要窗口，更是滋养心灵、启迪智慧的甘泉。

（一）认识世界的启蒙之窗

对于学生来说，小学语文是他们认识世界的第一扇窗。在这里，他们通过学习汉字、词语、句子等基础知识，开始逐步认识并理解周围的事物和现象。汉字作为中华文化的载体，每一个字都蕴含着丰富的历史文化内涵。通过学习汉字的音形义，学生不仅能够掌握语言文字的基本技能，更能够领略到中华文化的博大精深。

小学语文教材中的课文也是学生认识世界的重要途径。这些课文涵盖了自然、社会、历史等多个领域的内容，为学生展现了一个五彩斑斓的世界。通过学习这些课文，学生可以了解到世界各地的风土人情、历史文化、科学知识等，从而开阔视野，增长见识。

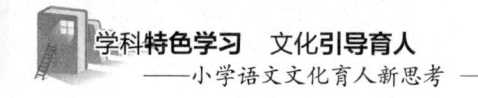

（二）理解社会的桥梁纽带

小学语文知识文化不仅是学生认识世界的启蒙之窗，更是他们理解社会的桥梁纽带。在语文学习的过程中，学生会接触到各种社会现象和人际关系，这些都会对他们的认知产生影响。通过学习语文知识文化，学生可以更加深入地理解社会的运作机制和人际关系的复杂性，从而为他们将来融入社会做好准备。

小学语文还承担着传承和弘扬中华优秀传统文化的重任。在语文教材中，有大量的古诗词、文言文等经典篇目，这些篇目不仅具有极高的文学价值，更蕴含着丰富的哲学思想和道德观念。通过学习这些经典篇目，学生可以更加深入地理解中华文化的精髓和内涵，从而增强民族自豪感和文化自信心。

（三）感悟人生的智慧之源

小学语文知识文化还是学生感悟人生的智慧之源。在语文学习的过程中，学生会接触到各种人物形象和故事情节，这些都会引发他们对人生的思考和感悟。通过学习语文知识文化，学生可以更加深入地理解人性的复杂性和多样性，从而为他们将来的人生道路提供指引和借鉴。

小学语文还注重培养学生的审美能力和创新能力。在语文教材中，有大量的优美散文、诗歌等文学作品，这些作品不仅具有极高的审美价值，更能够激发学生的想象力和创造力。通过学习这些文学作品，学生可以更加深入地感受到语言文字的魅力和力量，从而培养他们的审美情趣和创新能力。

（四）思维能力的提升之道

小学语文知识文化的学习不仅能够丰富学生的知识储备，更能够提升他们的思维能力。在语文学习的过程中，学生需要进行大量的阅读、写作和口语表达等训练，这些训练都会对他们的思维能力产生影响。通过阅读训练，学生可以锻炼自己的理解能力和分析能力；通过写作训练，学生可以培养自己的逻辑思维和表达能力；通过口语表达训练，学生可以提高自己的应变能力和沟通能力。这些思维能力的提升都将为学生未来的学习和生活奠定坚实的基础。

（五）全面发展的坚实之基

小学语文知识文化的学习是学生全面发展的坚实基础。在语文学习的过程中，学生不仅需要掌握语言文字的基本技能，更需要培养自己的情感态度和价值观。通过学习语文知识文化，学生可以更加深入地理解人与自然、人与社会、人与自我之间的关系，从而为他们形成正确的世界观、人生观和价值观提供支撑。小学语文还注重培养学生的合作精神和探究意识等综合素养，这些都将为学生未来的全面发展奠定坚实的基础。

二、小学语文知识文化的内容

小学语文知识文化，作为学生初识文化的启蒙课程，其内容的丰富性、涵盖面的广泛性，以及各知识点间的相互交织与渗透，共同构建了一幅五彩斑斓、博大精深的文化画卷。小学语文知识文化，融汇了汉字音形义、词语搭配运用、句子结构理解、篇章赏析品味，以及文学、历史与科学之精髓，引领学生在探索语言文字奥秘的同时感受中华文化的博大精深，为未来的全面发展奠定坚实的基础。

（一）汉字的音形义

汉字，作为中华文化的载体和精髓，是小学语文知识文化的重要组成部分。每个汉字都蕴含着丰富的历史文化内涵，都体现了先人的智慧和创造力。学生学习汉字，不仅是为了掌握一种文字工具，更是为了传承和弘扬中华优秀传统文化。

在汉字的学习中，音、形、义是三个密不可分的方面。音，即汉字的读音，是学生学习汉字的第一步。通过拼音的学习，学生可以准确地掌握每个汉字的发音，为后续的朗读和口语表达打下基础。在学习的过程中，学生还会接触到多音字、同音字等有趣的现象，可以进一步感受到汉字的奇妙和魅力。

形，即汉字的字形，是汉字独特的魅力所在。每个汉字都有独特的笔画和结构，这些笔画和结构不仅构成了汉字的外形，更蕴含着丰富的历史文化信息。通过学习汉字的字形，学生可以了解到汉字的演变历程和造字方法，从而加深对中华文化的理解。书写练习也是学生学习汉字的重要环节。通过大量的书写练习，学生可以逐渐掌握汉字的书写规范和技巧，写出一手漂亮的汉字。

义，即汉字的字义，是汉字内涵的精髓。每个汉字都有其独特的含义和用法，这些含义和用法不仅体现了汉字的语言功能，更蕴含着丰富的历史文化内涵。通过学习汉字的字义，学生可以了解到汉字所蕴含的思想观念、价值取向和社会风俗等，从而加深对中华文化的认识。在实际语境中运用汉字也是学生学习汉字的重要环节。通过大量的阅读和写作训练，学生可以逐渐掌握汉字的用法和搭配技巧，使自己的语言表达更加恰当、流畅。

（二）词语的搭配运用

词语是语言的基本单位，也是小学语文知识文化的重要组成部分。词语的学习不仅涉及词义的理解，更涉及词语的搭配和运用。在小学阶段，学生需要学习大量的词语，需要了解它们的含义、用法和搭配规律，并在实际语境中加以运用。

词语的搭配是词语运用的重要方面之一。每个词语都有其独特的含义和用法，不同的词语搭配在一起会产生不同的表达效果。因此，学生在学习词语的过程中，需要了解词语的搭配规律，掌握哪些词语可以搭配在一起使用，哪些词语不能搭配在一起使用。还需要学会在实际语境中恰当地运用词语，使自己的语言表达更加恰当、生动。

成语、俗语、谚语等固定短语的学习也是词语学习的重要内容之一。这些固定短语蕴含着丰富的历史文化内涵和民间智慧，是中华文化的瑰宝。通过学习这些固定短语，学生可以了解到更多的历史文化知识和民间故事，从而加深对中华文化的理解和认识。

（三）句子的结构理解

句子是语言表达的基本单位，也是小学语文知识文化的重要组成部分。句子的学习不仅涉及句义的理解，更涉及句子的结构和语法知识。在小学阶段，学生需要学习句子的基本成分、句型结构以及常见的语法现象等，为后续的阅读和写作打下基础。

句子的基本成分包括主语、谓语、宾语等，这些成分是构成句子的基本要素。学生在学习句子的过程中，需要了解这些基本成分的含义和作用，并学会在实际语境中加以运用。还需要学习不同的句型结构，如陈述句、疑问句、感叹句等，了解它们的表达方式和特点。

常见的语法现象也是句子学习的重要内容之一。例如，时态、语态、语气等语法现象在句子中起着重要的作用，它们的变化会影响到句子的意思和表达效果。因此，学生在学习句子的过程中，需要了解这些语法现象的含义和用法，并学会在实际语境中加以运用。

（四）篇章的赏析品味

篇章是语言的高级表现形式，也是小学语文知识文化的重要组成部分。篇章的学习不仅涉及文本内容的理解，更涉及篇章结构、语言风格以及作者的思想感情等方面。在小学阶段，学生需要学习如何赏析篇章，提高自己的阅读能力和文学素养。

篇章的结构是篇章赏析的重要方面之一。每个篇章都有其独特的结构方式和组织形式，这些结构和形式不仅构成了篇章的整体框架，更体现了作者的表达意图和思想感情。因此，学生在学习篇章的过程中，需要了解篇章的结构方式和组织形式，把握作者的表达意图和思想感情。

语言风格也是篇章赏析的重要方面之一。不同的作者有不同的语言风格，这些风格体现在篇章的用词、句式、修辞等方面。通过学习不同作者的语言风格，学生可以领略到文学的多样性和丰富性，提高自己的文学鉴赏能力。

作者的思想感情也是篇章赏析的重要方面之一。每个篇章都蕴含着作者的思想感情和价值观取向，这些思想感情和价值观取向不仅体现了作者的人文关怀和社会责任感，更对学生的成长和发展产生着深远的影响。因此，学生在学习篇章的过程中，需要深入体会作者的思想感情和价值观取向，从中汲取正能量和启示。

三、小学语文知识文化的路径

小学语文教育，应如春风化雨，以课堂教育为根基，滋养学生心田，以课外阅读为翅膀，助其翱翔于知识的天空，以实践活动为舞台，让其尽展才华，三者相辅相成，共筑学生五彩斑斓的语文世界与文化素养的坚实基石。

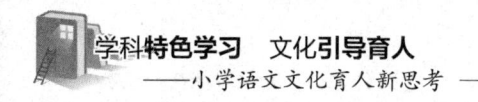

（一）注重课堂教学的基础性作用

课堂教学是学生学习语文知识文化的主阵地，也是教师传授知识、引导学生学习的主要方式。因此，注重课堂教学的基础性作用，是融入知识文化理念的首要路径。

在课堂教学中，教师应充分利用课堂时间，通过讲解、示范、引导等方式，帮助学生掌握语文基础知识，理解文化内涵。例如，在讲解汉字时，教师可以结合汉字的演变历程和文化背景，让学生了解汉字的形成和发展，感受汉字的独特魅力。在讲解课文时，教师可以引导学生深入理解文本内涵，感受作者的思想感情，培养学生的文学鉴赏能力。

教师还可以利用多媒体教学手段，如展示课件、播放视频等，增强课堂教学的生动性和趣味性。例如，在教授古诗词时，教师可以播放相关的视频或音频资料，让学生感受古诗词的韵律美和意境美。这样的教学方式不仅可以激发学生的学习兴趣，还可以帮助学生更好地理解和记忆知识。

举例来说，《静夜思》是一首脍炙人口的古诗，教师在教授这首诗时，可以先让学生了解诗人李白的生平和创作背景，然后引导学生深入理解诗歌的内涵和情感。教师可以通过课件展示月光下的夜景图片，让学生感受诗歌中的意境美；还可以通过朗读和背诵的方式，让学生领略诗歌的韵律美和语言美。通过这样的课堂教学，学生不仅可以掌握《静夜思》这首诗的知识点，还可以培养对古诗词的兴趣和鉴赏能力。

（二）强化整本书阅读的广度和深度

《义务教育语文课程标准（2022年版）》将整本书阅读作为拓展型学习任务群之一，是对语文课程中单篇阅读、群文阅读的必要补充与提升，是培养学生终身阅读能力的必由之路，也是全面提升学生语文课程核心素养的必然要求。因此，拓展整本书阅读的广度和深度，是融入知识文化理念的重要路径。

2022年版语文课标不再简单地要求学生"多读书，读好书，读整本的书"，而是对阅读提出了更具体的要求，不能把阅读当作任务，而是要变成习惯，不仅要读整本书，还要掌握阅读方法与经验。俗话说"授人以鱼不如授人以渔"，学生只有掌握了阅读方法，在之后的学习与阅读的道路上才能走得更加从容。

举例来说，《西游记》是一部中国古典名著，具有丰富的文化内涵和艺术价值。教师在推荐这本书时，可以先让学生了解作者吴承恩的生平和创作背景，然后引导学生深入理解小说中的人物形象、情节结构和思想内涵。教师可以通过组织读书会、写读后感等方式，让学生在阅读中交流心得和体会；还可以通过课堂讲解或专题讲座的方式，对小说中的难点和重点进行解析和阐释。通过这样的课外阅读指导，不仅可以让学生深入了解《西游记》这部名著的文化内涵和艺术魅力，还可以培养他们对古典文学的兴趣和鉴赏能力。

（三）开展丰富多彩的语文实践活动

实践是检验真理的唯一标准，也是学生学习语文知识文化的重要方式。因此，开展丰富多彩的语文实践活动，是融入知识文化理念的必要路径。

教师可以通过组织朗诵比赛、写作比赛、文化讲座等活动，让学生在实践中感受语文的魅力，提升文化素养。例如，在朗诵比赛中，学生可以选择自己喜欢的诗歌或散文进行朗诵，展示自己的朗读技巧和语言表达能力；在写作比赛中，学生可以围绕某个主题进行创作，展示自己的写作才华和思维能力；在文化讲座中，学生可以聆听专家学者的讲解和分享，了解更多的文化知识和历史背景。

教师还可以结合学生的实际情况和兴趣爱好，设计更具针对性和趣味性的实践活动。例如，在教授古诗词时，教师可以组织学生进行古诗词朗诵表演或创作比赛；在教授说明文时，教师可以引导学生进行实地考察和调研活动；在教授历史故事时，教师可以组织学生进行历史剧表演；等等。这些实践活动不仅可以激发学生的学习兴趣和积极性，还可以帮助学生更好地理解和运用所学知识。

举例来说，教师可以组织一次以"春天的色彩"为主题的写作比赛。在比赛中，学生可以围绕春天这个季节进行创作，描绘春天的景象、表达对春天的情感等。通过这样的写作比赛，学生不仅可以锻炼自己的写作能力和思维能力，还可以培养对自然和生活的感悟能力。教师还可以将优秀作品进行展示和评奖，激励学生继续努力提高自己的写作水平。

四、小学语文识字教学实践探索

汉字，作为中华文化之瑰宝，既承载着历史沧桑，又蕴含无穷智慧，于象形中活化意蕴，于指事、会意间直觉感知，更在形声中掌握规律，创新想象以妙解文化之深邃，拓展路径以品鉴汉字之魅力，书写间尽显艺术之美，识之、悟之、品之，方知中华文化之博大精深。

（一）继承识字传统，挖掘意象见文化

汉字，作为中华文化的瑰宝，承载着深厚的历史和文化内涵。在识字教学中，教师应该继承传统的识字方法，通过挖掘汉字背后的意象，让学生感受到中华文化的博大精深。

1. 象形入手，活化内涵

象形字是汉字中最直观、最生动的一部分，其字形与实物相似，学生在识记这些字时能够体会到汉字与实物之间的联系。为了让学生更加深入地理解象形字，教师可以利用多媒体展示这些字的演变过程。例如，展示"日""月""山""水"等字的甲骨文、金文、小篆等不同字体的写法，让学生在直观的画面中感受汉字从图画到文字的演变过程。教师还可以引导学生尝试自己画出象形字的雏形，如"鸟"字，可以让学生画出一只鸟的形状，再与现代的"鸟"字进行对比，从而加深对汉字的理解和记忆。

教师还可以结合生活实际，让学生将象形字与现实生活联系起来。比如，在教授"人"字时，可以引导学生观察人行道上的行人，理解"人"字的形状与人的行走姿态之间的联系。这样，学生不仅能够掌握字形，更能体会到汉字的文化内涵。

2. 指事、会意，直觉感知

指事字和会意字是汉字中富有创意和想象力的部分。教师可以通过例举已经学过的指事字和会意字，来引导学生感受汉字组合的巧妙和内涵的丰富。例如，在教授"休"字时，教师可以先写出"人"和"木"两个独体字，然后引导学生思考如何将它们组合成一个新字。当学生想到将"人"靠在"木"旁边时，就组成了"休"字，表示人在树下休息。通过这样的教学，学生可以直观

地感知到汉字所表达的意义。

为了让学生更加深入地理解指事字和会意字，教师还可以结合具体的情境进行教学。比如，在教授"看"字时，教师可以模拟远眺的场景，让学生将手放在眼睛上方做出眺望的动作，从而理解"看"字由"手"和"目"组成的字理。这样的教学方式不仅生动有趣，还能帮助学生更好地记忆和理解汉字。

3. 形声突破，掌握规律

形声字是汉字中数量最多、结构最复杂的一部分。形声字由形旁和声旁组成，既表意又表音。教师可以通过归纳形声字的类型，帮助学生掌握形声字的规律。例如，左形右声、右形左声、上形下声、下形上声等不同类型的形声字都可以进行归纳和总结。教师还可以结合具体的例字来帮助学生理解"形"与"声"的关系。例如，在教授"爸"字时，教师可以指出其由"父"和"巴"组成，其中"父"是形旁，表示意义与父亲有关，"巴"是声旁，表示读音。通过这样的教学，学生可以更快地识记和理解汉字。

教师还可以引导学生通过观察汉字的偏旁部首来推测汉字的意义和读音。例如，在教授"江""河""湖""海"等字时，教师可以引导学生观察它们都有三点水的偏旁部首，从而推测这些字都与水有关。这样的教学方法能够帮助学生提高识字能力，同时培养他们的观察能力和分析能力。

（二）创新识字方法，妙解想象悟文化

随着时代的发展和教育的进步，教师需要不断创新识字方法来激发学生的学习兴趣和积极性。以下是一些创新的识字方法。

1. 诱发直觉，想象画面

教师可以利用汉字本身的特点来诱发学生的直觉思维，让他们通过想象画面来识记汉字。例如，在教授"飞"字时，教师可以引导学生想象一只鸟在空中飞翔的画面；在教授"跳"字时，可以引导他们想象一个人跳跃的场景。通过想象画面，学生不仅能够更深刻地理解汉字的意义，还能在脑海中形成生动的形象提高记忆效果。教师还可以鼓励学生发挥自己的想象力来创造属于自己的识字方法。

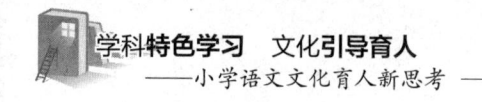

2. 拆散部件，组合记忆

拆散部件是一种化整为零的学习方法。将未知的生字拆开，变成已知的独体字或者部首，经过分析字理，了解其意义后，再组合在一起记忆，效果更好。例如，"掰"字可以拆成"手""分""手"三个部分，教师可以引导学生一起做"掰"的动作，并说："两手分开便是掰。"再将部件组合在一起，学生就很容易记住这个字了。再如"劣"字，可以分解为"少"和"力"两个部分，教师可以解析为："平时用力少，关键时刻表现就差，寓意为'劣'。"通过这样的教学，学生不仅容易记住字形，还能从字义中明白一些道理。

教师还可以组织一些有趣的识字游戏，如"部件接龙""找朋友"等，让学生在游戏中巩固所学的汉字，并培养他们的团队协作能力和竞争意识。

（三）拓展识字路径，体味品鉴汉字文化

除了课堂教学之外，教师还可以通过多种路径来拓展学生的识字范围，让他们在实际生活中感受汉字的魅力，进一步加深对汉字文化的理解和品鉴。以下是一些拓展识字路径的方法。

1. 观察环境，自主识字

教师可以鼓励学生走出课堂，到各种公共场所去观察并识记各种汉字。例如，教师可以组织一次"汉字寻宝"活动，带领学生到校园或附近的公园、街道进行实地观察。学生可以分组行动，寻找并记录下各种有趣的汉字，如店铺招牌、广告牌、路牌等上面的汉字。回到课堂后，各小组可以展示自己的"寻宝"成果，并分享识字的心得和体会。这样的活动不仅能够激发学生的学习兴趣，还能让他们在实践中巩固所学的汉字，同时培养他们的观察能力和自主学习能力。

教师还可以引导学生在日常生活中自主识字，如阅读课外书籍、看新闻、写日记等，让识字成为他们的一种自觉行为。通过这样的拓展，学生的识字量会不断增加，对汉字文化的理解也会更加深入。

2. 欣赏书法，感受魅力

书法是汉字艺术的精髓，通过欣赏书法作品，学生可以感受到汉字的形态

美和神韵美。教师可以利用多媒体展示历代书法大师的作品，让学生领略不同风格的书法魅力。例如，教师可以展示王羲之的《兰亭序》、颜真卿的《祭侄文稿》等经典书法作品，让学生感受书法的韵律和节奏，以及书法家们运笔的力度和技巧。教师还可以引导学生学习基本的书法技巧，如笔画顺序、字形结构等，让他们在实践中感受书法的魅力。例如，教师可以组织学生进行简单的书法练习，如描红、临摹等，让他们在实践中体验书法的韵律和美感。

通过这样的教学，学生不仅能够更加直观地感受书法的魅力和技巧，还能在亲身实践中培养对汉字艺术的热爱和敬畏之情。教师还可以邀请书法家或书法爱好者到课堂进行现场演示和讲解，让学生目睹书法家的创作过程，进一步感受书法的魅力。

第三节　小学语文教学中融入体育文化理念

小学语文教学与体育文化理念的融合，如同清泉润泽心田，让学生在语言文字的海洋中感受体育精神的激荡。通过挖掘教材中的体育文化元素，学生在语文学习的同时领略体育的魅力，感悟团队协作的力量，培养坚韧不拔的品质。跨学科的交融，不仅拓宽了学生的知识视野，更在无形中滋养了他们的心灵，为他们的全面发展绘就了一幅五彩斑斓的画卷。

一、小学语文与体育文化的交融意义

在传统观念中，语文与体育似乎是两个截然不同的教育领域，但实际上，它们之间有着深厚的联系。小学语文不仅是语言和文字的教学，更是文化和精神的培养；而体育文化同样具有丰富的精神内涵和文化价值。小学语文与体育文化的交融，如同清泉润心田，让学生在文化的熏陶中强健体魄，在运动的律动中感悟文字之美，实现身心的和谐与全面发展。

（一）提升学生的综合文化素养

小学语文作为基础教育的重要学科，承担着传承中华优秀传统文化的重要使命。而体育文化作为人类文化的重要组成部分，具有丰富的文化内涵。将体育文化理念融入小学语文教学，可以让学生在学习语言文字的同时更深入地了解和感悟中华文化的博大精深。

例如，在小学语文教材中，可以选取一些描写体育比赛、体育人物的文章，如习作例文《小守门员和他的观众们》《跳水》等，让学生通过阅读这些文章，了解体育运动的历史渊源、文化内涵以及精神价值。教师还可以结合课文内容，引入相关的体育知识、体育技能和体育文化背景的介绍，让学生在学习语言文字的过程中，不断加深对体育文化的了解和认识。

教师还可以利用课外阅读、课堂讨论等方式，引导学生进一步加深对体育文化的了解。通过推荐适合学生阅读的体育类书籍，学生在课外阅读中感受体育文化的魅力；通过组织课堂讨论，学生在互相交流和分享中加深对体育文化的理解和认识。

（二）培养学生的体育精神

体育文化所蕴含的团队合作精神、拼搏精神、规则意识等，对于小学生的成长和发展具有重要意义。将体育文化理念融入小学语文教学，可以在潜移默化中培养这些品质，从而形成良好的体育精神。

例如，在语文教学中，教师可以通过创设情境、角色扮演等方式，让学生模拟体育比赛中的团队合作场景，让学生在实践中体验团队合作的重要性和乐趣。教师还可以结合课文内容，引导学生感悟体育运动中的拼搏精神和竞争意识，鼓励学生勇于挑战自我、超越自我，不断追求更好的成绩和更高的目标。

教师还可以利用语文课堂中的口语表达、写作等环节，培养学生的规则意识和公平竞争意识。学生通过参与课堂辩论、写作比赛等活动，在实践中学会遵守规则、尊重裁判和对手，以公平、公正的态度参与竞争。

（三）实现学生的身心全面发展

在传统的小学语文教学中，往往过于注重语言文字的学习和应试技巧的训练，而忽视了学生的情感体验和身心健康。而体育文化的融入，可以为小学语文教学注入新的活力和内容，让学生在轻松愉悦的氛围中学习语言文字，同时感受到体育运动的魅力和乐趣。

例如，教师可以结合课文内容，设计一些与体育运动相关的实践活动，如校园运动会、体育知识竞赛等。通过这些实践活动，学生可以亲身参与体育运动，感受体育运动的魅力和乐趣；还可以在实践中锻炼身体、增强体质，提高身体素质和运动技能水平。身心并重的教育方式不仅有助于学生的全面发展，还能让学生在快乐中学习、在健康中成长。

（四）打破学科壁垒，促进教育创新

小学语文与体育文化的交融还有助于打破学科之间的壁垒和界限，实现教育资源的共享和优化配置。在传统的教学模式下，各个学科之间缺乏交流与合作。而将体育文化理念融入小学语文教学，可以促进语文学科与体育学科之间的交流与合作，共同探索更加有效的教学方法和策略。

例如，语文教师可以与体育教师共同设计跨学科的教学活动或课程项目。通过合作与交流，双方可以共同挖掘教育资源、共享教学经验和方法，为学生提供更加丰富多彩的学习体验和更多发展的机会。跨学科的教学方式不仅可以激发学生的学习兴趣和积极性，还能培养学生的创新思维和跨学科解决问题的能力。

二、体育文化在小学语文中的具体体现

体育文化，作为人类文化宝库中一颗璀璨的明珠，其在小学语文教学中的融入与体现，对于学生全面素质的培养具有不可或缺的作用。体育文化如春风化雨，悄然融入小学语文教育的沃土中，通过描绘体育人物与故事、培养坚韧不拔的精神品质、解读体育规则与文化，学生在文字的海洋中感受运动的韵律，体悟生命的活力，实现身心的和谐成长。

（一）体育人物与故事

小学语文教材中，不乏以体育为主题的文章，其中描写了众多的体育人物和他们感人至深的故事。这些体育人物，有的叱咤风云、誉满全球，有的默默无闻、耕耘在基层，但他们身上所展现出的坚韧不拔、勇往直前的体育精神，都是学生学习和模仿的楷模。

例如，习作例文《小守门员和他的观众们》这篇课文，通过生动细腻的笔触，描绘了小球员们在足球场上奋力拼搏、团结协作的场景。文章中的人物形象栩栩如生，他们身上的汗水、眼中的坚定、脚下的步伐，都深深地打动着读者的心。编者巧妙地将人物描写的多种方法综合运用，让其成为一篇典型的习作例文，有很好的模仿与借鉴意义。同时，从这些描写中，学生们也可以感受到体育运动的魅力和力量，从而在潜移默化中培养他们对体育的热爱和兴趣。

除了例文中的描写，教师还可以结合生活中的一些体育明星、体育比赛场景为学生介绍更多的体育人物和他们的故事。这些体育人物中，有为国家争光的奥运健儿，有身残志坚的残疾运动员，有坚守在基层的体育教练……他们用自己的行动和汗水，诠释着体育精神的真谛。通过了解这些人物的故事，学生们可以更加深刻地认识到体育精神的伟大和可贵。

（二）体育精神与品质

体育运动不仅是一项身体活动，更是一种精神追求。在体育运动中，人们追求的是更高、更快、更强，这一追求背后所蕴含的坚韧不拔、勇往直前的体育精神，正是小学语文教学中所要着重引导和培养的品质。

在小学语文教学中，教师可以通过对课文内容的解读和拓展，引导学生理解和感悟体育运动中所蕴含的团队协作精神。无论是足球比赛中的默契配合，还是篮球运动中的策应传球，都需要队员们心往一处想、劲往一处使。团队协作精神的培养，不仅可以提高学生的集体意识和荣誉感，更能为他们未来的生活和工作奠定坚实的基础。

公平竞争和自我超越也是体育运动中所倡导的重要精神品质。在体育教学中，教师可以通过组织各种竞赛活动，让学生在实践中体验公平竞争的重要性和乐趣；还可以引导学生不断挑战自我、超越自我，勇于追求更好的成绩和更高的目标。这些精神品质的培养，对于提高学生的心理素质和抗挫能力具有重要意义。

（三）体育规则与文化

每一项体育运动都有其独特的规则和文化背景，这些规则和文化不仅保证了比赛的公平性和公正性，也为体育运动赋予了丰富的文化内涵和历史底蕴。在小学语文教学中融入体育规则与文化的学习，不仅可以增加学生对体育运动的了解和认识，更能培养他们的规则意识和文化素养。

教师可以通过结合体育教学和课外拓展活动，让学生了解各种体育运动的规则和文化背景。例如，在习作例文《小守门员和他的观众们》的教学中，教师可以为学生讲解足球比赛的基本规则、场地设施的操作方法以及裁判员的职责等；还可以引导学生了解足球运动的发展历程、不同国家或地区的足球文化以及足球比赛中的精彩瞬间等。通过这些学习，学生们可以更加全面地了解足球运动，从而更加深入地感受其魅力和文化内涵。

教师还可以利用课堂讲解、小组讨论等方式，引导学生探究体育规则与文化背后的深层含义和社会价值。例如，在讨论篮球比赛中的三秒违例规则时，教师可以引导学生思考这一规则制定的原因和意义；还可以进一步拓展到篮球运动所倡导的团队协作、公平竞争等精神品质上。通过深层次的探究和讨论，学生们可以更加深刻地理解体育文化的内涵和价值所在。

三、在小学语文教学中融入体育文化理念的方式

小学语文教学融入体育文化理念，如同清泉润泽心田，让学生在文字的海洋中感受运动的韵律，体悟生命的活力，于墨香与汗水的交融中，书写出青春的华章，实现身心的和谐成长。

（一）挖掘整合教材内容

小学语文教材是学生学习语文的主要载体，也是教师进行教学的主要依据。要在小学语文教学中融入体育文化理念，首先需要对教材内容进行深入挖掘和整合。

寻找与体育文化相关的课文内容。小学语文教材中不乏描写体育人物、体育事件以及体育精神的篇章。这些课文不仅是学生学习语文的重要素材，也是他们了解体育文化的重要途径。因此，教师在备课时要仔细研读教材，找出这些与体育文化相关的课文内容，为后续的教学做好准备。

将体育文化与语文教学目标相结合。在确定教学目标时，教师可以将体育文化的相关元素融入其中，使学生在学习语文的过程中自然而然地接触到体育文化。例如，在教授习作例文《小守门员和他的观众们》时，除了要求学生掌握基本的语言文字知识外，还可以将感受足球比赛的魅力、理解团队协作的重要性等作为教学目标之一。

整合与拓展教材内容，除了直接利用教材中的课文内容外，教师还可以根据教学需要和学生兴趣，对教材内容进行适当整合和拓展。例如，可以将几篇与体育文化相关的课文组合在一起进行教学，形成一个以体育文化为主题的教

学单元；还可以结合课外资源，如相关的体育新闻报道、体育人物传记等，对教材内容进行补充和丰富。

（二）创设体育文化情境

情境教学是一种有效的教学方法，能够让学生在模拟的真实场景中学习知识、培养技能。要在小学语文教学中融入体育文化理念，教师可以通过创设体育文化情境的方式来实现。具体来说，可以采取以下几种方法。

利用多媒体手段创设情境。教师可以利用图片、视频等多媒体手段，展示与课文内容相关的体育文化场景。例如，在教授描写田径比赛的课文时，教师可以播放田径比赛的视频片段或展示田径场地的图片，让学生身临其境地感受比赛的紧张氛围和运动员的拼搏精神。

通过角色扮演创设情境。教师可以根据课文内容组织角色扮演活动，让学生在扮演角色的过程中体验体育文化。例如，在教授描写篮球比赛的课文时，教师可以让学生分别扮演球员、教练、裁判等角色，模拟一场真实的篮球比赛，让学生在亲身体验中感受篮球运动的魅力和团队协作的重要性。

结合实物展示创设情境。教师还可以利用实物展示的方式，将体育文化元素直观地呈现在学生面前。例如，在教授描写乒乓球运动的课文时，教师可以带来乒乓球拍和乒乓球等实物，让学生亲手触摸和感受这些运动器材的特点和使用方法；同时还可以结合实物讲解乒乓球比赛的规则和文化背景等知识。

（三）开展跨学科主题活动

跨学科主题活动是打破学科界限、促进学生全面发展的有效途径。要在小学语文教学中融入体育文化理念，教师可以通过开展跨学科主题活动的方式来实现。

举办体育文化周活动。教师可以与学校体育教研组合作，共同策划和组织体育文化周活动。该活动可以包括体育知识讲座、体育主题征文比赛、体育项目体验等多种形式；同时还可以邀请校外的体育专家或优秀运动员来校进行交流和指导。通过这样的活动，学生可以更加全面地了解体育文化，同时也能在实践中培养对体育运动的兴趣和爱好。

开展运动与文学相结合的主题活动。教师可以结合教材内容和学生兴趣，设计一些运动与文学相结合的主题活动。例如,可以组织学生进行以"我最喜欢的体育运动"为主题的征文比赛;或者让学生选择一项自己感兴趣的体育运动进行深入研究,并撰写相关的研究报告或心得体会等。这样的活动不仅可以锻炼学生的写作能力,还能让他们在活动中找到文学创作的灵感和素材。

实施体育与语文融合的课堂教学,在日常的课堂教学中,教师也可以尝试将体育与语文进行有机融合。例如,在教授某些具有浓郁体育气息的课文时,可以邀请体育教师进行辅助教学;或者结合课文内容设计一些与体育运动相关的课堂游戏或互动环节等。这样的教学方式可以增强学生的学习兴趣和参与度,使他们在轻松愉快的氛围中学习语文、感受体育文化。

(四)注重体育精神渗透

体育精神是体育文化的核心,包括团队协作、公平竞争、自我超越等方面。要在小学语文教学中融入体育文化理念,教师必须注重对学生进行体育精神的教育和渗透。

通过讲解体育人物的故事进行渗透。小学语文教材中有很多描写体育人物的文章或片段,这些人物身上往往都闪耀着坚韧不拔、勇往直前的精神光芒。教师可以通过讲解这些人物的故事或事迹来激励学生向他们学习并培养起相应的精神品质。例如,习作例文《小守门员和他的观众们》中的小球员们为了赢得比赛而奋力拼搏的精神就可以作为教育学生的生动案例。

通过分析体育比赛案例进行渗透。教师还可以结合具体的体育比赛案例,对学生进行体育精神的教育。例如,可以选取一些经典的足球比赛、篮球比赛等案例进行分析和讲解;重点阐述比赛中团队协作的重要性、公平竞争的必要性以及自我超越的可能性等方面;同时还可以引导学生就比赛中的某些争议或亮点进行讨论和思考。通过这样的教学方式可以帮助学生更加深刻地理解体育精神的内涵和价值所在。

通过课堂讨论和小组合作进行渗透。教师还可以利用课堂讨论和小组合作的方式培养学生的团队协作意识和公平竞争观念。例如,可以组织学生进行以"团队协作与公平竞争"为主题的课堂讨论活动;或者让学生分组进行某些与体育运动相关的任务或项目,并要求他们在完成任务的过程中相互协作、公平竞争；最后还可以对各组的完成情况进行评价和反馈，以激励学生不断进步和超越自我。

（五）拓展课外学习资源

课外资源是学生学习语文、了解体育文化的重要途径之一。要在小学语文教学中融入体育文化理念，教师必须充分利用课外资源来拓宽学生的学习视野和知识面。

推荐阅读相关书籍或观看影视作品。教师可以根据学生的年龄特点和兴趣爱好推荐一些适合他们阅读的关于体育的课外书籍或观看影视作品；同时还可以利用课余时间组织学生进行集体阅读或观影活动，并就所读所看内容进行交流和讨论以加深对体育文化的理解和认识。

利用网络资源进行学习。教师还可以引导学生利用网络资源进行学习，如访问相关网站了解最新的体育资讯和动态；观看在线视频教程学习某项体育运动的基本技能和规则等；同时还可以鼓励学生利用社交媒体平台与其他热爱体育运动的同学进行交流和分享，以扩大自己的社交圈子和知识面。

参加校外体育活动和比赛。教师还可以鼓励学生积极参加校外的体育活动和比赛，如参加社区组织的青少年足球联赛、篮球邀请赛等；或者利用周末或假期时间参加一些体育主题的夏令营、冬令营等活动，以亲身体验和感受体育运动的魅力和乐趣，并培养自己的运动技能和团队协作能力。

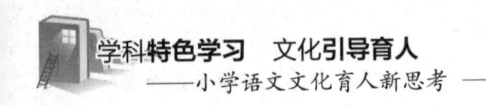

第四节　小学语文教学中融入审美文化理念

在浩瀚的文化海洋中，审美文化如一颗璀璨的明珠，闪耀着人类智慧与情感的光芒。小学语文，作为学生初识文化的窗口，承载着培育审美情趣与审美能力的重任。当我们将审美文化理念融入语文教学时，便如同在学生的心田播撒下美的种子，期待它们在未来绽放出绚烂的花朵。让我们携手走进这充满诗意与美感的世界，引领学生在文字的海洋中遨游，感受美的力量，书写属于他们自己的精彩篇章。

一、语文教学中审美文化理念的重要性

审美文化，作为人类文化的重要组成部分，以其独特的魅力和深刻的内涵，对人的情感、价值观和精神世界产生着深远的影响。审美文化理念融入小学语文教学，如同清泉润泽心田，让学生在文字的海洋中感受美的力量，从而丰富情感体验，培养审美情趣，提升精神境界，为他们的全面发展奠定坚实基础。

（一）丰富学生的情感体验

小学生正处于身心发展的关键时期，他们的情感体验直接影响着他们的人格形成和未来发展。在语文教学中融入审美文化理念，可以通过对文学作品的欣赏和解读，引导学生感受生活的美好和丰富多样。无论是描绘自然风光的诗歌、散文，还是讲述人间真情的小说、故事，都能丰富学生的情感体验，使他们在学习过程中感受到美的力量。

美的力量能够帮助学生更加热爱生活、珍惜生命。当他们在阅读中体会到

大自然的壮丽与神奇、人与人之间的关爱与温暖时，他们会更加懂得感恩和珍惜，学会用审美的眼光去发现和欣赏生活中的美好。这样的情感体验对于学生的成长具有重要的促进作用，也是语文教学不可忽视的重要目标。

（二）培养学生的审美情趣

审美情趣和审美能力是人们在长期的文化熏陶和艺术修养中逐渐形成的。在小学语文教学中融入审美文化理念，有助于从小培养学生的审美情趣和审美能力。通过对经典文学作品的诵读和赏析，学生可以接触到不同风格、不同体裁的文学作品，感受到其中的节奏韵律、文学意境和思想情感。

在这样的学习过程中，学生的审美情趣会逐渐形成并得以提升。他们会更加喜欢阅读优秀的文学作品，对美的事物产生兴趣和向往。他们的审美能力也会得到锻炼和提高。在面对各种文化现象时，他们能够用审美的眼光去审视和评价，做出正确的价值判断。

（三）提升学生的精神境界

审美文化不仅仅是一种艺术表现，更是一种精神追求。在小学语文教学中融入审美文化理念，可以通过对文学作品的深入解读和欣赏，引导学生领略其中蕴含的深刻思想和美好情感，从而提升他们的精神境界。

优秀的文学作品往往蕴含着丰富的人生哲理和深刻的道德启示。学生在阅读这些作品时，不仅可以感受到作品的艺术魅力，更可以在其中汲取智慧和力量。智慧和力量能够帮助学生更加理性地面对生活中的挑战和困难，更加坚定地追求自己的理想和信念。学生的性情也会在审美文化的熏陶下得到陶冶和锤炼，变得更加高尚、豁达和乐观。

二、语文教学中审美文化理念的内容

在小学语文教学中，审美文化理念如同一盏明灯，照亮了学生探索语文世界的道路。教材中的课文内容丰富多彩，蕴含着丰富的审美文化资源，这些资源不仅能让学生感受到语文的魅力，更在无形中提升了他们的审美情趣和文化素养。

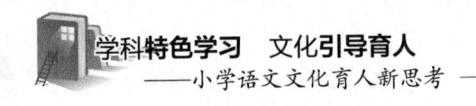

（一）自然风光的美

自然风光的美是小学语文教材审美文化内容中不可或缺的一部分。这些描写山水风光的诗歌、散文等，以其细腻的笔触、生动的描绘，将学生带入如诗如画的境界中。在这些课文中，学生可以欣赏到大自然的壮丽与神奇，感受到自然风光的无限魅力。

自然美不仅给人带来视觉上的享受，更给人带来心灵上的洗礼。当学生在欣赏自然风光的美时，他们会体会到大自然的伟大和生命的价值，从而更加敬畏自然、热爱生命。这种美也能激发学生的想象力和创造力，让他们在欣赏中感受到语文的无穷魅力。

教师在教学过程中，可以采用朗读、解析、想象等多种方式，引导学生深入体会自然风光的美。可以让学生闭上眼睛，想象自己置身于课文所描绘的场景中，感受大自然的呼吸和韵律。通过这样的教学方式，不仅可以培养学生的审美情趣，还能让他们更加热爱大自然，珍惜我们赖以生存的地球家园。

（二）人文景观的美

人文景观的美是小学语文教材审美文化内容中的另一重要内容。这些描写历史遗迹、文化古迹的课文，以其深厚的文化底蕴和独特的历史价值，让学生感受到人类文明的璀璨成果。在这些课文中，学生可以穿越时空的隧道，与古人对话，了解历史的变迁和文化的传承。

人文景观的美不仅仅体现在形式上的美观，更体现在内涵上的丰富。当学生在欣赏人文景观的美时，他们会了解到历史的厚重和文化的深邃，从而增强对民族文化的认同感和自豪感。人文美也能激发学生的求知欲和探索欲，让他们在探寻中感受到语文的无穷魅力。

教师在教学过程中，应该注重挖掘人文景观的历史文化内涵。可以通过讲述历史故事、展示历史图片等方式，让学生更加直观地感受到人文景观的美。也可以引导学生通过课外阅读、实地考察等方式，进一步了解人文景观的历史背景和文化内涵。通过这样的教学方式，不仅可以培养学生的审美情趣，还能让他们更加热爱自己的民族文化，传承中华民族的优秀传统。

(三) 人物品格的美

人物品格的美也是小学语文教材中不可或缺的表现部分。这些以人物为主线的课文，通过塑造一个个生动鲜活的人物形象，展现了人性中的真善美。在这些课文中，学生可以感受到英雄人物的崇高与伟大，也可以感受到普通劳动者的勤劳与善良。

人物品格的美不仅仅体现在行为上的表现，更体现在精神上的追求。当学生在欣赏人物品格的美时，他们会受到潜移默化的影响和教育，从而激发自己向善之心。人品美也能让学生更加深入地了解人性的复杂性和多样性，提升他们的人际交往能力和社会适应能力。

教师在教学过程中，可以通过分析人物形象、探讨人物性格等方式，引导学生深入理解人物品格的美。可以让学生通过角色扮演、情景模拟等方式，更加深切地感受到人物品格的魅力。也可以引导学生通过课外阅读、观看影视作品等方式，进一步了解不同人物的性格特点和行为表现。通过这样的教学方式，不仅可以培养学生的审美情趣，还能让他们更加懂得欣赏和尊重他人，成为一个有道德、有修养的人。

(四) 思想情感的美

思想情感的美是小学语文教材审美文化内容中的灵魂。这些以情感为主线、以思想为灵魂的课文，展现了人类情感世界的丰富多彩和思想的深邃广阔。在这些课文中，学生可以感受到亲情的温馨与伟大、友情的珍贵与无私、爱情的甜蜜与苦涩等人类情感的力量和美好。

思想情感的美不仅仅体现在文字上的表达，更在于能给人带来心灵上的共鸣。当学生在欣赏思想情感的美时，会引发他们内心深处的共鸣和思考，从而提升自己的情感素养和思维能力。思想情感美也能让学生更加深入地了解人性的复杂性和多样性，提升他们的人际交往能力和社会适应能力。

教师在教学过程中，应该注重引导学生品味课文中的情感表达、思考其中的思想内涵。可以通过朗读、讨论、写作等方式，让学生更加深入地感受到思想情感的美。也可以引导学生通过课外阅读、参加社会实践等方式，进一步了解不同文化背景下的情感表达和思想内涵。通过这样的教学方式，不仅可以培

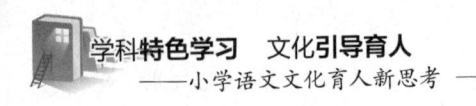

养学生的审美情趣，还能让他们更加懂得珍惜和更好地表达自己的情感，成为一个有情感、有思想的人。

三、语文教学中审美文化理念的渗透与融入路径

在小学语文教学中，审美文化理念的渗透与融入是一项系统工程，需要教师从多个层面、多种角度进行精心设计和实施。语文教学中，审美文化理念的融入如同春风化雨，滋润着学生的心田。教师可以通过创设情境引导学生感受美，通过诵读经典培养学生的审美情趣，通过写作练习提升学生的审美能力，通过课外拓展引导学生发现生活中的美，这些路径共同构成了语文教学中审美文化理念的绚丽画卷。

（一）创设情境，引导学生感受美好

情境教学是小学语文教学中常用的一种方法，也是渗透审美文化理念的有效途径之一。通过创设生动、形象的教学情境，教师可以引导学生置身于美的氛围中，让他们直观地感受到美的存在和魅力。

教师可以利用多媒体课件、图片、音频等教学资源，展示美丽的自然风光、底蕴深厚的人文景观等，让学生在欣赏的过程中感受到大自然的鬼斧神工和人类文明的璀璨成果。这些生动的画面和悦耳的声音，不仅能够吸引学生的注意力，激发他们的学习兴趣，还能让他们在潜移默化中受到美的熏陶和感染。

教师可以采用角色扮演、情景模拟等方式，创设生动的故事情境或生活场景，让学生在参与的过程中感受到人物品格的美、思想情感的美等。例如，在学习描写英雄人物的课文时，教师可以让学生扮演英雄角色，通过模拟英雄的行为和语言，感受英雄的崇高精神和伟大品格。这样的教学方式不仅能够让学生更加深入地理解课文内容，还能让他们在角色扮演中体验到美的力量和价值。

教师还可以结合课文内容和学生的生活实际，创设具有启发性和引导性的问题情境，让学生在思考的过程中感受到美的存在和力量。例如，在学习描写亲情的课文时，教师可以提出"你认为什么是亲情？你在生活中有哪些感受到

亲情的时刻？"等问题，引导学生结合自己的生活经验进行思考和讨论。这样的问题情境不仅能够激发学生的学习兴趣和思维活力，还能让他们在思考中更加深切地感受到亲情的温馨与美好。

（二）诵读经典，培养学生审美情趣

经典诗文是中华民族文化的瑰宝，也是小学语文教学中的重要内容之一。通过诵读经典诗文，学生可以学习到优美的语言文字、深邃的思想情感和丰富的历史文化内涵，从而培养他们的审美情趣和文化素养。

教师可以利用课堂时间组织学生开展经典诗文的诵读活动。通过领读、齐读、分角色读等多种形式，让学生反复诵读优美的诗文，体会其中的节奏韵律和意境之美。在诵读过程中，教师还可以引导学生进行想象和联想，将诗文中的语言文字转化为生动的画面和场景，从而更加深入地感受到经典诗文的美和魅力。

教师可以在课外时间布置经典诗文的背诵任务，鼓励学生在家中自主进行诵读练习。通过背诵优美的诗文，学生可以逐渐积累丰富的语言材料和审美经验，提升自己的语言表达能力和审美能力。教师还可以定期组织背诵比赛或朗诵表演等活动，让学生在展示中感受到成功的喜悦和自信的力量。

教师还可以结合经典诗文的内容和学生的年龄特点，设计有趣的拓展活动或任务。例如，在学习描写四季的诗文时，教师可以让学生选择自己喜欢的季节进行创作或描绘；在学习描写山水风光的诗文时，教师可以让学生利用课余时间进行实地考察或拍摄相关照片等。这样的拓展活动不仅能够激发学生的学习兴趣和创造力，还能让他们在实践中更加深入地感受到经典诗文的美和魅力。

（三）习作练习，提升学生审美能力

习作是小学语文教学中的重要组成部分，也是提升学生审美能力的重要途径之一。通过习作练习，学生可以尝试用语言描述自己感受到的美或创作美学作品，从而培养他们的审美创造能力和表达能力。

教师可以结合课文内容或生活实际设计有趣的写作题目或任务。例如，在学习描写自然风光的课文后，教师可以让学生写一篇关于自己家乡或曾经游览过的美丽景点的文章；在学习描写人物的课文后，教师可以让学生写一篇关于自己敬佩或喜欢的人物的文章；等等。这样的习作题目或任务不仅能够激发学生的写作兴趣和创作欲望，还能让他们在写作过程中更加深入地感受到美的存在和价值。

教师可以针对学生的习作成果进行及时的评价和反馈。通过肯定学生的优点和亮点、指出存在的问题和不足、提出改进的建议和意见等方式，学生更加明确自己在写作中的优势和不足之处，从而有针对性地提升自己的写作能力和审美能力。教师还可以定期组织优秀作文展示或交流活动，让学生在互相学习和借鉴中不断提升自己的写作水平。

教师还可以鼓励学生积极参与课外习作活动或比赛。例如，参加校内的文学社团或写作兴趣小组、参加各类习作比赛或征文活动等。这样的参与不仅能够激发学生的写作热情和创造力，还能让他们在实践中不断锤炼自己的语言表达能力和文化审美能力。通过与其他优秀选手的交流和切磋，学生还可以拓宽自己的视野和思路，更加全面地提升自己的语文素养和综合能力。

（四）课外拓展，引导发现生活之美

课外拓展是小学语文教学中的重要延伸和补充，也是引导学生发现生活中的美的重要途径之一。通过课外拓展活动，学生可以走出课堂、走进社会、走进自然，用自己的眼睛去发现、用自己的心灵去感受生活中的美好事物和现象。

教师可以鼓励学生利用课余时间进行课外阅读活动。通过阅读优秀的文学作品、历史书籍、科普读物等，学生可以接触到更加广阔的知识领域和更加丰富的审美资源，从而提升自己的文化素养和审美能力。教师还可以定期组织课外阅读分享或交流活动，让学生在互相推荐和介绍中不断拓展自己的阅读视野和兴趣范围。

教师可以结合课文内容或时令节气设计有趣的课外实践活动或任务。例如，在学习描写春天的课文后，教师可以组织学生进行春游或野炊活动；在学习描写传统节日的课文后，教师可以让学生回家了解并参与相关传统节日的庆祝活动；等等。这样的课外实践活动或任务不仅能够激发学生的学习兴趣和参

与热情，还能让他们在亲身实践中更加深入地感受到生活中的美好。

教师还可以鼓励学生积极参与各类社会公益活动或志愿服务活动。例如，参加环保志愿活动、文化遗产保护活动等。通过这样的参与和实践，学生不仅可以提升自己的社会责任感和公民意识，还能在亲身实践中发现和感受到生活中的美好和温暖。通过与其他志愿者的交流和合作，学生还可以提升自己的人际交往能力和组织协调能力，使自己的综合素质和能力水平得到更加全面的提升。

四、感受古诗之美，播散美育之光

小学语文课本中收录的古诗具有较高的美学价值和艺术魅力。教师要深刻地钻研教材，充分挖掘教材中美的元素，采用不同的教学方式方法，引导学生欣赏古诗词的文字之美、音律之美和意境之美，从而打开学生的心扉，提高他们的审美水平与能力。

（一）在备课中发掘"美"

当前小学语文教学的普遍现象是：课堂上注重讲解古诗的意思，只要学生会背诵、会解释、会默写，这一课就算掌握了。教师教学方法简单，教学内容枯燥，学生不能感受到古诗独有的魅力，感受不到其韵味美、意境美。所以，教学中教师要认真备课，从品析词句入手，挖掘古诗中蕴含的美。

1. 发掘古诗中的绘画美

诗和画是姊妹艺术。古代诗人往往选取最富有特征的事物、最有意义的场景或最典型的感受来借景抒情、咏物言志。教师在备课时，要挖掘教材中的绘画之美，将古诗中抽象、凝练的语言与具体的形象联系起来，将古诗中的"形象"化作一幅幅栩栩如生的画面。例如，在教学《惠崇春江晚景》时，教师可以通过读、悟、想等环节，指导学生结合课文和插图展开联想，从而把幽美的画面生动形象地呈现在学生的头脑中。

2. 发掘古诗中的语言美

古诗语言生动凝练，富有形象性和表现力。教师在备课时要考虑课堂当中如何指导学生领悟古诗的语言美，这样才能更加深入地理解古诗中表现出来的自然美、社会美等，从而提高古诗的鉴赏水平。如《鹅》是一首脍炙人口的古诗，要想让低年级小朋友感悟这首诗的语言美，单凭教师的讲解，让学生领悟起来是有困难的。备课时，教师可采用事先范读和指导学生反复朗读的方式，让学生在读中品味，感受诗的语言节奏美，从而形成情感共鸣；再通过想象读，引导学生展开想象，让学生脑海中浮现群鹅戏水图。这不仅感受鹅的形象美，更重要的是感受到语言之美。

3. 发掘古诗中的音乐美

诗歌注重押韵、对仗，读起来朗朗上口，听起来声声悦耳，产生音乐美。小学课本中的诗都可以把它当作歌来吟唱。朗读能让学生感受古诗的音乐美，教师可采用范读、个别读、配乐朗读等形式，让学生在读中感知、读中悟。但这需要教师多加指导，才能使学生在朗读中感受到美。如教授《春晓》这首诗时，教师首先要考虑古诗的节奏，通过范读、学生初读感受古诗的押韵和用韵；接着引导学生通过重读、延长读音等方式感受诗中的音韵美和节奏感。

（二）在教学中传输"美"

1. 抠字眼，体会文字美

古人作诗很注意遣词造句。教学时，教师要注重从文字入手，引导学生去品味作者在用词方面的精妙之处，进而体会其中的文字之美。例如，在执教《暮江吟》时，教师可以引导学生品味诗中用词的准确性，如"一道残阳铺水中"的"铺"字能否用其他字替换？为什么？通过讨论和引导，学生能感受到"铺"字的生动传神和贴切自然，体会景色的壮美。

2. 品诗句，感受自然美

大自然是诗人作品创作的重要题材。教学中要引导学生去品析诗句，了解作者对大自然的喜爱之情。例如，在执教《咏柳》这一首诗时，教师可以通过引导学生品读诗句、想象画面等方式，让学生感受到柳树生机勃勃的美和大自然的鬼斧神工；接着再引导学生通过品味"碧玉""绿丝绦"等词的比喻手法，进一步体会诗人对春天的喜爱和赞美之情。

3. 重朗读，感受意境美

古诗贵在含蓄且常有言外之意。学诗时只有从读入手反复吟诵，才能设身处地进入诗人所表达的境界并体会作者所表达的含蓄之美。教师在课堂上要根据古诗特点运用多种形式引导学生读出诗的韵味和意境。对于一些较难理解的古诗，教师可以通过介绍背景资料加上学生反复诵读来走进诗人内心世界并感悟诗的意境美。

（三）在活动中深化"美"

1. 在绘画活动中深化美

将"诗"与"画"结合起来让学生仿照古诗意境进行绘画创作可以将抽象文字变成形象图画，从而使学生从色彩和形象上感受美；更重要的是直观性图画能强化学生对诗意的理解达到"以画悟诗"的效果。例如在教完《望庐山瀑布》这首诗后可以让学生根据自己对诗意的理解创作出一幅幅雄伟壮丽的庐山瀑布画来进一步体会瀑布从陡峭山壁上倾泻而下的磅礴气势以及挂前川的美景；同时也激发了学生学习古诗的欲望和创造力。

2. 在表演活动中引导体会美

有些古诗教学可以通过组织学生表演的方式，让学生扮演诗中人物，再现鲜明生动的形象和真切感人的情景以及耐人寻味的情感；此类活动能让学生在参与中进入诗的意境从而能较好地体悟诗人情感；同时也能让课堂气氛变得活跃，让学习成为愉快的享受。例如，在执教《赠汪伦》这首诗时可以安排一个表演环节，让学生分别扮演李白和汪伦来演绎他们之间依依惜别的情景；通过学生的生动表演和深情告别，他们能更深刻地理解诗意和感受诗人之间的深厚情谊。

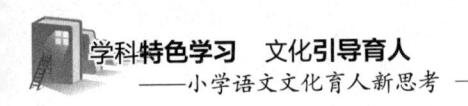

第五节　小学语文教学中融入劳动文化理念

在小学语文教学中融入劳动文化理念，如同清泉润泽心田，不仅让学生在文字的海洋中感受劳动的伟大与崇高，更在心灵的沃土上播撒热爱劳动、尊重劳动的种子。这一理念的融入，既丰富了教学内容，又提升了教学质量，让学生在学习的旅程中感受劳动的艰辛与美好，培养他们的劳动意识和价值观，为他们的全面发展奠定坚实的基础，也为传承和弘扬中华优秀传统文化注入了新的活力。

一、小学语文教学中融入劳动文化理念的价值

劳动教育如清泉润泽心田，融入小学语文教学之中，不仅滋养了学生对劳动的认知与尊重，更在他们的心灵深处播撒下热爱劳动、追求理想的种子，引领他们在成长的道路上踏实前行，绽放出属于自己的光彩。

（一）学会生活需要重塑劳动教育观

"劳力劳心，亦知亦行。"这句话深刻诠释了劳动在生命中的重要性和在教育中的不可或缺的社会价值。对于正在成长的少年儿童来说，劳动不仅是一种增强动手能力的途径，更是培养生活独立能力和团队合作意识的重要方式。

在小学语文教材中，我们可以看到大量讴歌劳动人民、劳动模范和劳动精神的课文。这些课文不仅让学生们了解到劳动人民的耕作文化，还从农耕文明中继承了中华民族热爱劳动的优良传统。通过学习这些课文，学生们能够深入了解古代农人的日常生活，体会到农村孩子学着农人去种瓜的辛勤与乐趣。学生们也能明确劳动的价值，感受到乡村农耕时节的忙碌和少年儿童努力学农活

的情景。这样的学习启发了学生们去思考劳动的时代价值和现实意义，让他们意识到用双手劳动去创造美好生活的重要性。

语文教师在这个过程中扮演着指导者的角色，他们引导学生们去认识社会上各行各业的劳动者，从身边的劳动者身上去发现劳动美德。他们还要求学生与从事不同职业的父母进行长谈，了解劳动的辛苦和付出。通过主题班会的思想教育，组织学生们积极参与家务劳动，从整理家务到洗衣做饭，让他们在实践中重新审视劳动的社会价值，并在心里埋下劳动光荣的种子。

（二）健康成长需要融合劳动意识

学生的健康成长需要学校、家庭和社会的共同培育。在这个过程中，劳育起着至关重要的作用，因为它能够提升学生的心志，帮助他们拥有完美的人生。语文课本中的许多文章都融合了劳动合作的思想，让学生在潜移默化中认识到劳动的价值，懂得按劳分配的重要性，并抵制不劳而获的不义之举。

例如，作家萧红在回忆类散文《祖父的园子》中描绘了童年时与祖父一起做农活的乐趣。语文教师在教学设计中可以有意识地穿插教室卫生打扫的合理性，强调环境保护是靠大家的共同努力。通过这样的教学设计，学生们不仅能够理解到劳动的重要性，还能培养与他人合作、共同完成任务的能力。

再如，《红楼春趣》中涉及风筝的制作过程，可以引发学生们对风筝制作材料和飞行动力原理的思考。这样的创新劳动教育形式能够让学生们更加深入地理解劳动的智慧和创造性。从风筝的制作再到《手指》中讲述的手指作用，可以循序渐进地引导学生们理解劳动中合作的意义和价值。这些活动设计不仅能够增强学生们的集体荣誉感，还能提升他们的身体和精神素养。

（三）追求理想需要创新劳动教育

"实干才能梦想成真。"新的劳动价值理念对新一代少年儿童的成长产生了深远的影响。成功的劳动教育不仅能让生活成为一种积极的生存方式，还能渗透到教育的各个环节、各个方面，成为整个学校教育乃至终身学习的基础和归宿。

每个学生都有自己的人生理想和目标，而追求梦想的过程就是劳动的过程。为了让劳动变得更有意义和价值，学校教师需要创新教育思路和方法，探索更加有效的育人模式。无论是低年级的古诗《悯农》还是高年级的《草船借箭》，都可以从中挖掘出劳动教育的元素和价值。例如，在学习《悯农》时，可以引导学生们珍惜劳动成果、尊重劳动者的辛勤付出；在学习《草船借箭》时，可以设计劳动体验活动，让学生们通过制作弓箭等实践活动来感受劳动的艰辛和创造性。

（四）完善自我需要劳动教育体验

学校是一个小社会环境，其中融合了许多劳动文化元素和事务。学生的教育离不开这个小环境以及更大的社会环境氛围。因此，把校园打造成思想道德教育的大课堂是至关重要的。只有将实现学生的自我管理、自我服务、自我教育和自我监督作为教育目标，我们才能真正让教育回归初心，培养出健康成长的学生。

在劳动教育的实践中，我们应该注重学生的真实体验和感受。通过参与校园保洁、课桌摆放、地面拖洗等简单的劳动教育课，学生们可以更加深入地理解劳动的内涵和价值。在语文教材中融入劳动教育内容也能让语文学习更加贴近生活实际。例如，散文《千年梦圆在今朝》描述了中国科技工作者用辛勤劳动不断谱写祖国强大的篇章的情景。这样的教材内容能够激发学生们追求理想的热情和动力，并让他们意识到只有通过脚踏实地的实践和努力才能不断克服自身惰性、完善自我并实现梦想。因此，让教材活跃起来、让文字灵动起来是学校语文教学的重要任务之一。通过帮助学生克服自身惰性、脚踏实地地体验劳动的过程，使他们完善自我并实现人生的价值。

二、小学语文教学中劳动文化理念融入的内容

在小学语文教学中，巧妙地融入劳动美德、传统节气、劳动技能与劳动艺术等文化元素，不仅能让学生感受到劳动的崇高与美好，更能在心灵深处种下勤劳、敬业、诚信、创新的种子，使其在文化的滋养中茁壮成长，为未来的全面发展奠定坚实基础。

（一）劳动美德文化

在小学语文教学中，劳动美德文化的融入是至关重要的。这不仅关乎学生

对劳动的正确认知，更是培养他们良好道德品质和社会责任感的基础。劳动美德体现在勤劳、敬业、诚信、创新等多个方面，这些美德在语文教材中有着丰富的体现。

例如，《悯农》这首诗，就是一首脍炙人口的描写劳动美德的经典之作。诗中通过描绘农民在烈日下辛勤劳作的场景，让学生感受到劳动的艰辛和不易。诗中所蕴含的"谁知盘中餐，粒粒皆辛苦"的深刻哲理，更是教育学生要珍惜劳动成果，尊重劳动者的辛勤付出。在教学中，教师可以通过讲解诗意、引导学生想象农民劳作的场景等方式，让学生深刻体会到劳动美德的内涵和价值。

《鲁班造锯》这篇文章也是体现劳动美德的佳作。文章讲述了鲁班受生活经验的启发而发明了劳动工具锯的故事。鲁班在发明锯的过程中，不仅展现了他的聪明才智和创新精神，更体现了他对劳动的热爱和敬业精神。教师在教学中可以引导学生思考鲁班发明锯的动机和过程，从而让他们更加深入地理解劳动美德的内涵和意义。

通过对这些课文的学习，学生可以深刻体会到劳动的魅力和价值所在。勤劳、敬业、诚信、创新等劳动美德不仅是中华民族的传统美德，也是现代社会对人才的基本要求。因此，教师在教学中要注重培养学生的劳动美德意识，让他们从小养成良好的劳动习惯和道德品质。

（二）传统节气文化

传统节气文化中蕴含着丰富的劳动元素。在小学语文教学中融入传统节气文化，不仅可以让学生了解中华民族的传统文化和习俗，还能让他们更加深入地理解劳动的意义和价值。

例如，在春分时节，有"春分到，蛋儿俏"的民间说法。在这一天，人们会进行竖蛋游戏等活动来庆祝春分的到来。这些活动不仅有趣味性，更蕴含着人们对美好生活的向往和对劳动的尊重。教师在教学中可以引导学生了解春分节气的由来和习俗，并让他们通过参与竖蛋游戏等活动来感受劳动的乐趣和价值所在。

在端午节期间，人们会进行包粽子、赛龙舟等传统活动来庆祝这一重要节日。这些活动不仅让学生感受到浓厚的节日氛围和民族文化的魅力,还能让他们更加深入地理解劳动的意义和价值。教师在教学中可以引导学生了解端午节的由来和习俗,并让他们通过参与包粽子等活动来亲身体验劳动的过程和乐趣。

通过将传统节气文化与体验活动相结合的教学方式方法,教师可以有效地将传统文化与劳动教育结合起来,让学生在感受传统文化魅力的同时,也能更加深入地理解劳动的意义和价值所在,从而培养他们的劳动意识和劳动习惯,为他们的全面发展奠定坚实的基础。

(三)劳动技能文化

劳动技能,作为人类在长期生产实践中积累的经验和知识,是构成劳动文化元素不可或缺的重要组成部分。在小学语文教学中融入劳动技能文化,不仅有助于培养学生的动手能力,更能让他们深刻理解劳动的真正内涵和价值。

以《刷子李》为例,这篇课文生动地描绘了刷子李的高超刷墙技艺。他身穿黑衣,每次刷浆完毕,身上却无一个白点,这种精湛的技艺令人叹为观止。刷子李的技艺并非一蹴而就,而是经过长期实践和不断摸索才得以形成。这正是劳动技能的魅力所在,它需要人们付出辛勤的努力和汗水,才能逐渐掌握和精通。

在教学中,教师可以引导学生深入分析刷子李的刷墙技巧,探讨他是如何做到身上无白点的。教师还可以组织学生进行模拟演练,让他们亲身体验刷墙的过程,感受劳动技能的魅力和价值。通过这样的教学方式,学生不仅能够更加深入地理解课文内容,还能在动手实践中培养自己的劳动技能。

《剃头大师》这篇课文同样体现了劳动技能的重要性。文章中的"我"虽然一开始并不擅长剃头,但通过不断尝试和实践,最终成功地给小沙剃了一个满意的头。这个过程不仅展现了劳动技能的习得过程,更让学生明白只有通过不断学习和实践才能掌握精湛的技艺。

在教学中,教师可以结合课文内容,引导学生思考剃头这一看似简单的劳动背后所蕴含的技能和经验。教师还可以鼓励学生分享自己在学习和生活中掌握某项技能的经历,让他们明白劳动技能的重要性以及它在个人成长和社会发展中的作用。

通过对这些课文的学习与实践体验活动,学生可以更加深入地理解劳动技能的重要性和价值所在。他们不仅能够欣赏到精湛技艺所带来的美感,更能体会到劳动所带来的成就感和自豪感。这样的教学方式有助于培养学生的动手能力和实践能力,为他们的未来发展奠定坚实的基础。它也有助于传承和弘扬中华民族的劳动精神,让学生在成长过程中不断追求卓越和进步。

(四)劳动艺术文化

劳动艺术文化,作为人们在劳动过程中所创造出的具有审美价值的艺术作品和文化形态,是中华文化宝库中的璀璨明珠。在小学语文教学中融入劳动艺术文化,不仅能够培养学生的审美情趣和艺术修养,更能让他们深刻领悟到劳动的伟大和崇高。

以《挑山工》为例,这篇课文生动地描绘了挑山工在攀登泰山的过程中所展现出的坚韧不拔的精神风貌和独特的劳动艺术美感。挑山工们肩负重担,在陡峭的山路上艰难前行,他们的步伐坚定而有力,仿佛每一步都在与大自然进行着顽强的抗争,这一劳动场景不仅具有极高的审美价值,更蕴含着深刻的文化内涵。

在教学中,教师可以引导学生欣赏和分析挑山工的劳动过程,感受他们所展现出的坚韧不拔的精神和独特的劳动艺术美感。教师还可以结合课文内容,向学生介绍泰山的文化背景和历史渊源,让他们更加深入地理解挑山工这一职业的文化内涵和社会价值。通过这样的教学方式,学生不仅能够提升自己的审美情趣和艺术修养,更能对劳动产生更深的理解和尊重。

《清明上河图》这幅古代名画也是体现劳动艺术文化的杰作之一。它以细腻入微的笔触描绘了北宋都城汴京的繁华景象和各行各业劳动者的生动形象。在这幅画中,我们可以看到农民在田间辛勤劳作、工匠在作坊里精心制作、商贩在街头叫卖……这些生动的劳动场景不仅展现了当时社会的繁荣景象,更体现了劳动与艺术的完美结合之美。

在教学中,教师可以利用《清明上河图》这一艺术资源,引导学生欣赏和分析画中的劳动场景和人物形象。通过仔细观察和深入解读,学生可以感受到画中人物所展现出的精湛技艺和辛勤劳动的精神风貌。教师还可以鼓励学生发挥自己的想象力，尝试以绘画的形式表现自己心中所想的劳动场景或人物形象，从而培养他们的创新思维和艺术修养。

教师通过将课文与名画等艺术作品的学习与体验活动相结合的教学方式方法，有效地将劳动艺术文化融入小学语文教学中，让学生在感受艺术美感的同时也能更加深入地理解劳动的内涵和价值。这样的教学方式有助于培养学生的审美情趣和艺术修养，为他们的全面发展奠定坚实的基础；也有助于传承和弘扬中华民族的优秀传统文化，让学生在成长过程中不断汲取文化的滋养和力量。

三、小学语文教学中融入劳动文化理念的有效路径

在小学语文教学中，将劳动教育巧妙融入课堂，让学生在生活实践中感悟劳动的意义，并通过写作训练深化对劳动文化的理解，是培养学生勤劳品质、提升其综合素养的有效途径。

（一）将劳动教育穿插至小学语文课堂教学中

小学语文课堂，作为学生初识文化、感知世界的窗口，其教学内容之丰富、形式之多样，为劳动教育的融入提供了得天独厚的条件。小学语文教材中的每一篇文章都如同一块宝石，从不同角度折射出劳动的光辉。例如，《慈母情深》一文，是一篇记叙性散文，更是一堂生动的劳动教育课。作家梁晓声目睹了母亲工作时的场所、场景等，这些都是关于劳动场面的描写，这些场景描写使我们看见了一位辛劳而又伟大的母亲。教学时，可以引导学生关注这些场景描写，运用多种方法理解，再结合母亲工作环境的恶劣以及母亲工作时的忙碌、状态来深切感受母亲挣钱的不易，从而歌颂劳动者的伟大，使学生在阅读中感受劳动者之美。再如，《刷子李》一课，借助徒弟曹小三的视角来窥视人物的大本领、大智慧，表达了作者对这位具有超凡技艺的奇人的惊叹。课文通过描写普通劳动者的精湛技艺、一丝不苟的精神，希望能够引导孩子学习这种工匠精神，所以教师不仅要让学生学习正面与侧面描写人物的方法，更要引导学生感受刷子李身上精益求精的工匠精神——专注、专心、专一，这样的课堂

才能真正做到学科育德,不留遗憾。当然反面呈现的课文也有,如《寒号鸟》一文主要写了寒号鸟做事拖拉,最终冻死;《狐狸分奶酪》一文告诫人们要诚实守信;等等。

(二)将劳动教育融入日常生活与实践活动中

劳动教育不仅仅是一堂课,更是一种生活态度和价值观的培养。因此,将劳动教育融入学生的日常生活与实践活动中,是小学语文教学中融入劳动文化的又一有力途径。

在日常生活中,教师可以引导学生参与各种力所能及的劳动。比如,在学校里,可以让学生轮流担任值日生,负责教室的卫生清洁工作。在家里,可以鼓励学生帮助父母做一些家务劳动,如洗碗、扫地、整理房间等。这些看似微不足道的日常劳动,实则是对学生劳动态度和习惯的培养。

教师还可以结合节假日或特殊日子,组织学生参与一些具有劳动意义的实践活动。例如,在植树节组织学生参加植树活动,让他们亲手种下一棵树苗,体验劳动的艰辛与快乐;在五一劳动节组织学生参观工厂或农场,让他们目睹劳动者的辛勤付出和劳动成果;在寒暑假期间,还可以安排学生参加一些社区公益活动或志愿服务,如帮助清洁社区卫生、为老年人提供生活帮助等。这些实践活动不仅可以让学生切身体验到劳动的价值和意义,还可以培养他们的社会责任感和奉献精神。

在每次活动结束后,教师可以安排学生进行写作练习,让他们将劳动过程中的所见所闻、所思所感用文字记录下来。这不仅可以让学生加深对劳动的理解和认识,还可以锻炼他们的写作能力和表达能力。教师还可以通过批改学生的作文,了解他们在劳动过程中的真实感受和收获,从而为下一步的教学提供有益的参考和依据。

(三)将劳动教育与小学语文写作训练并行

写作训练是语文教学的重要组成部分,也是培养学生综合素质的重要途径之一。将劳动教育与小学语文写作训练相结合,不仅可以提高学生的写作能力,还可以深化他们对劳动的理解和认识。

在写作训练中,教师可以设置一些与劳动相关的主题或情境,引导学生进行写作练习。例如，可以让学生写一篇关于自己参与某次劳动活动的记叙文，要求他们详细描述劳动的过程、感受和收获；可以让学生写一篇赞美劳动的诗歌或散文，要求他们用优美的文字表达对劳动的敬意和赞美；还可以让学生写一篇关于劳动者或劳动模范的采访报告，要求他们通过实地采访了解劳动者的辛勤付出和感人故事，并用文字记录下来。

在写作过程中，教师要注重对学生的指导和点拨，帮助他们理清思路、提炼主题、锤炼语言。教师还可以通过范文引路、佳作欣赏等方式，激发学生的写作兴趣和灵感，提高他们的写作水平和能力。

通过这样的写作训练，不仅可以让学生在文字中表达对劳动的理解和认识，还可以让他们在实践中体验劳动的价值和意义。将劳动教育与写作训练相结合的教学方式，还可以培养学生的观察力、思考力和表达力等多种能力，为他们的全面发展奠定坚实的基础。

四、小学语文教学融入劳动文化理念的策略

小学语文教学应深入挖掘教材中的劳动教育元素，通过创设多样化的教学情境和整合资源，实现学校、家庭、社会以及跨媒介、跨学科、跨文化的全方位联动，让劳动教育如春风化雨般滋养学生的心田，培育他们崇尚劳动、尊重劳动的美好品格。

（一）梳理：研读教材，明晰"劳育"编排特点

教材是教师教学与学生学习的主要依据。统编版教材编写者将大量劳动教育的思想与意识内化于课程内容中，这需要教师充分挖掘教材中劳动素材的育人价值，并不断融合教育资源，找到绝佳机会渗透适合的劳动教育，才能促进学生培养劳动兴趣、养成劳动习惯、磨炼劳动意志。通过对统编版小学语文教材的梳理，发现教材中蕴含丰富的劳动元素，这些元素从观念、能力、精神、习惯与品质等不同的目标出发，共同致力于学生劳动素养的整体提升。以下是对其呈现形式、分布情况及文体形式的简要分析：

1. 劳动教育维度多样，凸显内容的全方位育人价值

课文嵌入劳动教育主要有五大重点，包括反映劳动智慧、劳动伦理、劳动

成果与分享、劳动与创美以及自主劳动等主题的课文。这些课文涉及知识与技能的普及、劳动习惯的培养、创新性劳动的启蒙，以及劳动价值观的塑造，呈现了新时代劳动教育的价值取向。

2. 劳动教育元素覆盖面广，重视生产劳动教育主题融入

劳动教育素材涉及小学每个年级的教材，其中五年级占比最大。在编排上灵活多样，涉及语文园地、口语交际、习作、课外链接等各个教材板块。教材中既有散点的劳动教育元素，也有集中安排在一个单元的形式，为集中进行劳动主题教育提供了可能。

3. 劳动教育文体丰富，内容随学段变化而变化

统编版教材在不同学段编排的文体不同，难度也随学段提升。低年级教材安排内容浅显的儿歌、语言通俗的童话等；高年级教材则呈现体裁较为多样，如科学小品文、现代诗等。这样的编排根据学生的认知发展水平及年龄特点，旨在让学生在潜移默化中接受劳动教育。

（二）聚焦：盘活文本，创设劳动教育情境

2022年版课标在"课程理念"中明确提出增强课程实施的情境性和实践性，促进学习方式变革。课程实施应从学生语文生活实际出发，创设丰富多样的学习情境，设计富有挑战性的学习任务，激发学生的好奇心、想象力、求知欲，促进学生自主、合作、探究学习。因此，小学语文融合劳动教育要盘活文本，积极创设良好的教学情境，从"一篇""一类"走向"整本书"，解决劳动实践中的一些"真实性问题"。

1. 盘活"一篇"，开展单篇阅读教学

盘活"一篇"就是要对一篇文章进行细读，引导学生厘清文本的特征，读出自己的感悟并深入思考。只有厘清文本的特征，才能创设真实的劳动教育情境，更好地发挥文本的劳动育人价值。例如，在教授《父爱之舟》一文时，教师可以通过朗读、聚焦关键词等方式，引导学生联系生活实际体会父亲养蚕、卖粮凑学费等劳动场景的艰辛，从而感受到父亲深沉的爱子之情。这样的教学情境创设能够帮助学生更好地理解劳动的价值和意义。

2. 盘活"一类",进行群文阅读教学

群文阅读教学是围绕一个议题把多篇文章放在一起进行阅读和集体建构的过程。利用群文阅读方式可以突破课本的限制,使阅读教学更加立体和丰富。将同主题的劳动教育文章放在一起阅读,可以拓展学生的阅读视野并感受各篇文章之间的关联点。例如,在教学《四时田园杂兴(其三十一)》一诗时,教师可以适时引入其他描写农民辛勤劳动的古诗进行群文阅读。通过创设解说劳动情感美、绘出劳动画面美和提炼劳动价值美等情境任务,引导学生深入体会古诗中所蕴藏的劳动情感和价值观念。

3. 盘活"整本书",组织整本书阅读教学

整本书阅读教学是提升学生阅读素养、丰富学生阅读体验和深化学生阅读认知的重要途径。为了培育学生良好的劳动品格并深化对劳动精神的认知,教师可以开展整本书的阅读教学。例如,在执教完《刷子李》一课后,教师可以组织学生阅读整本书《俗世奇人》。通过阅读、批注、写读书笔记和制作手抄报等形式,学生可以深入了解清末民初天津卫的市井奇人及其精湛的手艺和执着的劳动精神。在汇报交流时,学生可以围绕"我最敬佩的劳动奇人"展开对话和情境创设,表达他们对这些劳动者的敬佩之情和对劳动价值的理解。

(三)融合:多向联动,延展劳动教育边界

语文课程是一门综合性、实践性的课程,不能仅仅局限于课堂内的教学。因此,要延展劳动教育的边界就需要实现多向联动包括学校、家庭、社会以及跨媒介、跨学科、跨文化等方面的融合。

1. 学校、家庭、社会劳动教育一体化

要形成有效的劳动教育合力,就需要建立学校、家庭和社会三位一体的合作机制。学校可以积极与家庭和社区紧密合作,构建一体化的劳动教育环境。例如,可以利用家长资源指导学生完成一些简单的劳动任务,或带领学生参观工厂等场所,了解各种职业的特点和要求;社区也可以为学生提供实践场所和人员支持,帮助他们更好地体验劳动的乐趣和价值。

2. 跨媒介、跨学科、跨文化劳动教育融合

在互联网时代背景下,跨媒介劳动教育成为必然趋势。教师可以运用多种媒介实现多元信息的整合，以增加劳动教育的宽度；跨学科学习也是推进综合学习的重要方式之一，通过实现学科内部以及学科之间知识与方法的联结，可以强化课程的协同育人功能，并增加劳动教育的广度；跨文化教育也能促进文化的融合和深化认知，通过引入不同国家有关劳动教育的作品，可以帮助学生更好地理解劳动文化的内涵，并增加劳动教育的深度。例如，在教授《千年梦圆在今朝》一文时，教师可以借助航天题材的纪录片、人民日报文章以及感动中国人物颁奖词等媒介资源，帮助学生更全面地了解我国航天英雄的工匠精神和劳动价值；可以与科学、综合实践等学科的兴趣小组合作，开展跨学科学习，如开辟种植园了解植物生长情况，或进行实验操作等；还可以引入其他国家有关航天或劳动主题的作品，进行跨文化对比阅读，帮助学生更深入地理解劳动的内涵和价值。

第三章

革命文化熏陶育人

在中华民族五千多年的文明史中，革命文化以其独特的魅力和深远的影响力，成为我们民族精神宝库中的一颗璀璨明珠。它记录了中国人民在追求民族独立、人民解放和国家富强的伟大斗争中，所展现出的英勇无畏、坚韧不拔和自强不息的精神风貌。这些精神，不仅是我们民族历史的重要组成部分，更是小学语文教学中不可或缺的宝贵财富。革命文化在小学语文教学中的育人价值，不仅仅在于传授历史知识，更在于通过革命先烈的英勇事迹和崇高精神，激发学生的爱国情怀，培养他们的民族自豪感和责任感。在革命文化的熏陶下，学生能够学会珍惜今天的幸福生活，懂得感恩和奉献，从而成长为有理想、有道德、有文化、有纪律的新时代好少年。为了充分发挥革命文化在小学语文教学中的育人作用，我们需要不断创新育人策略和路径。通过挖掘革命文化中的丰富内涵，将其与语文教学内容有机结合，让学生在学习的过程中感受到革命文化的独特魅力。我们还可以通过组织开展丰富多彩的实践活动，如红色故事分享、革命歌曲传唱等，让学生在实践中体验革命文化的精神内涵，将红色基因代代相传。我们还需要不断探索革命文化育人模式的新思路和新方法。通过引入现代教育技术，如多媒体、互联网等，创新教学方式和手段，使革命文化教育更加生动、形象、有趣。我们还可以通过家校合作、社会协同等方式，构建全方位的育人体系，为学生的成长提供更加广阔的舞台和空间。

第一节　小学语文教学中革命文化的育人价值

革命文化教育在小学语文教学中，如同历史的灯塔照亮前行的道路，不仅培育学生的国家意识与民族文化认同，还引导他们树立正确的价值观与历史观，更让他们深刻领悟幸福生活的来之不易，从而珍惜当下、自强不息，以满腔热血和坚定信念为建设祖国而努力学习，将革命精神内化为成长的动力，外化为奋斗的行动，让青春在为祖国、为民族、为人民、为人类的不懈奋斗中绽放绚丽之花。

一、培养国家意识，认同民族文化

革命文化，深深植根于中华民族的血脉之中，是我们在特定历史时期为了民族独立、人民解放而形成的宝贵精神财富。对于小学生而言，他们正处于价值观、世界观形成的关键时期，革命文化教育无疑为他们打开了一扇通向历史深处的大门，帮助他们更好地理解和认同自己的民族文化，从而增强民族自豪感和归属感。

在小学语文教学中，革命文化教育并不是简单的历史知识的灌输，而是一种情感的熏陶、一种精神的传承。当学生在课堂上听到黄继光、邱少云等英雄人物的故事时，他们的眼中饱含着对英雄的崇敬之情。

这些英雄人物，无论是在硝烟弥漫的战场上英勇抗敌，还是在敌人的严刑拷打下坚守信仰，他们的事迹都让学生感受到了什么是真正的爱国情感和国家意识。

除了英雄人物的故事，革命文化中的红色经典文学作品也是培养学生民族文化认同的重要途径。比如，《红岩》《青春之歌》等作品，以其独特的艺术魅力和深刻的思想内涵，成为中华民族文化宝库中的瑰宝。通过学习这些作品，学生可以更加深入地了解中华民族在革命时期所经历的艰难困苦和所取得的辉煌成就。他们会被作品中的人物所感动，被作品中的情节所吸引，从而在潜移默化中增强对民族文化的认同感和自豪感。

为了让学生更加深入地感受革命文化的魅力，教师还可以设计多种形式的教学活动。比如，可以组织学生进行课堂讨论，让他们围绕某个革命话题展开辩论，从而培养他们的思辨能力和语言表达能力；还可以进行角色扮演，让学生亲身演绎某个革命场景，从而让他们更加直观地感受到革命文化的精神内涵。这些活动不仅可以激发学生的学习兴趣和积极性，还可以帮助他们在实践中更加深入地理解和感悟革命文化。

革命文化教育还可以通过与家庭、社会的联动，形成教育合力。比如，学校可以邀请一些革命老战士或历史学者来校举办讲座，让学生从他们的口中听到更加真实、生动的革命故事；还可以组织学生参观革命历史纪念馆、烈士陵园等场所，让他们在现场感受革命文化的氛围和力量。

这些实践活动不仅可以拓宽学生的视野，还可以深化他们对革命文化的感性认识和理性思考。

二、树立正确观念，形成正确历史与价值观

革命文化教育在小学语文教学的课堂中，不只是一段遥远的历史叙述，更是一种深刻的价值观的传递和心灵的塑造。对于正处于成长关键时期的小学生来说，它如同一盏明灯，照亮他们前行的道路，帮助他们树立正确的价值观和历史观，为他们的全面发展奠定坚实的基础。

革命文化教育在道德观念的培育上具有不可替代的作用。革命先辈们，如雷锋、董存瑞等，他们的高尚品质和英勇事迹，为学生们树立了光辉的道德楷模。这些先辈们在艰难困苦的环境中，始终坚守信仰，为了民族独立和人民幸福而英勇奋斗。他们的故事，让学生们深刻体会到什么是真正的正义和善良，

什么是为国为民的崇高精神。在日常生活中，学生们会不自觉地以这些先辈为榜样，积极践行这些道德准则，如助人为乐、见义勇为、诚实守信等。革命文化教育对道德观念的培育，不仅有助于学生们养成良好的行为习惯，还将对他们的终身发展产生深远的影响。

革命文化教育在理想信念的树立上发挥着重要的作用。革命历史中，无数英雄人物为了心中的理想而英勇奋斗，甚至献出了宝贵的生命。他们的故事，激励着学生们追求自己的理想和目标。通过学习革命文化，学生们可以更加清晰地认识到，个人的理想与国家和民族的利益是紧密相连的。

只有将自己的理想融入国家和民族的大业中，才能实现更大的价值。对理想信念的培育，将激发学生们内在的动力，使他们更加自觉地为实现自己的理想而努力奋斗。

革命文化教育有助于学生们形成正确的历史观。历史是一个民族的记忆和根基，而革命历史更是中华民族在特定时期为争取民族独立和解放而进行的伟大斗争。然而，在当今社会，一些错误的历史观和历史虚无主义思潮时有抬头，试图歪曲、抹杀革命历史。因此，学习革命文化，让学生们了解历史的真实面貌和发展规律，就显得尤为重要。通过学习革命历史，学生们可以更加全面地了解先辈们为了民族独立和人民解放所付出的巨大牺牲和艰辛努力。他们将更加深刻地认识到历史的连续性和继承性，从而更加珍惜当下的幸福生活。正确的历史观不仅有助于学生们对历史的理解和学习，还将帮助他们更好地认识现实和规划未来。

为了更加生动地展现革命文化的魅力，教师可以结合具体的革命历史事件和人物进行讲解。例如，可以通过讲述红军长征的艰辛历程和伟大意义，让学生们感受到革命先辈们坚定的信仰和不屈不挠的精神；可以通过介绍抗日英雄杨靖宇、赵一曼等的英勇事迹，让学生们领略民族英雄的风采；还可以通过组织学生观看红色经典影视作品、阅读革命历史书籍等方式，让学生们更加直观地了解革命历史和文化。这些具体的教学方法和手段将有助于学生们更加深入地理解和感受革命文化的精神内涵。

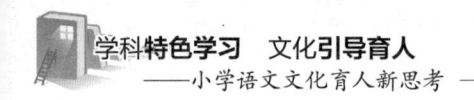

三、铭记革命历史，激发学习动力

革命文化教育在小学语文的课堂上，不仅是历史知识的灌输，更是对学生心灵的触动和未来的引领。它让学生明白，历史背后蕴藏着深刻的哲理和无尽的智慧，而革命历史更是中华民族为了独立、解放和富强所进行的伟大斗争的见证。通过学习革命文化，学生们可以更加深刻地认识到幸福生活的来之不易，激发他们的爱国情怀和社会责任感，进而形成正确的学习态度和方法，为未来的人生之路奠定坚实的基础。

革命文化教育让学生深刻认识到幸福生活的来之不易。在革命年代，先辈们为了民族独立和人民解放，抛头颅、洒热血，历经千辛万苦才换来今天的幸福生活。这些历史事实，对于生活在和平年代、物质充裕的当代小学生来说，可能是难以想象的。然而，正是这些历史的印记，才更应该让他们明白，现在的幸福生活是无数先辈用生命和汗水换来的，值得倍加珍惜。通过学习革命文化，学生们可以更加直观地感受到先辈们所经历的苦难和所付出的努力，从而更加感恩现在的生活，珍惜每一个平凡而美好的瞬间。

革命文化教育激发学生的爱国情怀和社会责任感。革命历史是中华民族精神宝库的重要组成部分，其中蕴含着丰富的爱国主义精神和民族精神。通过学习革命历史和文化，学生们可以更加深入地理解民族独立和人民解放对于国家和民族的重要意义。他们将更加热爱自己的祖国，愿意为国家的繁荣富强贡献自己的力量。爱国情怀和社会责任感将激励学生们更加努力地学习科学文化知识，为将来投身国家建设做好充分的准备。

革命文化教育帮助学生树立正确的学习态度和方法。在革命历程中，无数英雄人物凭借坚定的信念、顽强的毅力和正确的方法，克服重重困难，取得了辉煌的成就。这些英雄人物的事迹告诉学生们，学习同样需要坚定的信念、持久的毅力和科学的方法。在学习过程中，学生们应该以革命先辈们为榜样，保持积极向上的心态，勇于面对挑战和困难。他们还应该注重基础知识的掌握和实践能力的培养，不断提高自己的学习效率和综合素质。

为了更加有效地进行革命文化教育，教师们可以采用多种教学方法和手段。例如，可以组织学生观看红色经典影视作品、阅读革命历史书籍、参观革命历史遗址等，让学生更加直观地了解革命历史和文化；还可以邀请一些革命老战士或历史学者来校举办讲座或与学生互动交流，让学生从他们的口中听到更加真实、生动的革命故事；教师们还可以结合语文学科特点，通过课堂讲解、小组讨论、写作练习等方式，将革命文化教育与语文教学有机地结合起来，让学生在学习语文知识的同时接受革命文化的熏陶和洗礼。

第二节 革命文化育人策略与路径

《义务教育语文课程标准（2022年版）》把"文化自信"放在语文核心素养的首要维度，体现了语文教育立德树人的根本任务。为达成这一目标，统编版小学语文教材将中华优秀传统文化、革命文化以及社会主义先进文化深度融入课程内容。特别是，教材中精心编排了43篇革命文化题材的课文，约占教材整体篇目的14%，旨在从小培养学生的爱国情怀和崇高理想。因此，在小学语文课程教学中，应重视革命文化育人。

一、多维推动革命文化与历史、文本和生活的链接

革命文化的薪火相传，需小学生以整体感受去触摸历史的脉搏，以直观体验去领略文本的深邃，最终以知行合一的姿态将革命精神融入生活的每一处细节。在这过程中，他们不仅完成了与历史和文本的深刻链接，更在生活的广阔天地中践行和传承着革命文化的精髓，让红色基因在新时代的阳光下熠熠生辉。

（一）认同革命文化应整体感受，完成其与历史的链接

革命文化，作为中国特有的红色教育资源，对于小学生的成长具有不可替代的重要作用。然而，如何让小学生真正认同革命文化，并将其内化为自己的价值观和行为准则，却是一个值得深入探讨的问题。因此，小学生认同革命文化应整体感受，完成其与历史的链接。

先入为主，植入历史背景。小学生对于革命文化的认知往往停留在表面，缺乏深入的了解和感受。因此，我们在开展革命文化教育时，应该抓住每一个

历史事件、每一位革命英雄、每一种革命精神、每一件革命文物,通过生动的故事和具体的情境,将革命文化的种子植入学生的心中。比如,在教授《吃水不忘挖井人》一文时,我们不仅要讲述毛主席带领人们深挖水井的故事,更要让学生了解毛主席的伟大事迹和革命精神,以及他与我们当下生活的紧密联系。通过这样的教学,学生可以更加全面地了解革命历史,形成对革命文化的初步认同。

浸润原则,巧用历史背景。革命文化不仅仅体现在伟大领袖的事迹中,更体现在每一个革命战士的身上。这些革命历史中的小故事、小情节、小人物背后同样蕴含着大情怀、真精神。因此,我们在进行革命文化教育时,应该注重挖掘这些鲜为人知的故事和情节,让学生更加了解革命历史,感受革命战士的英勇无畏和牺牲奉献精神。比如,《为人民服务》中的张思德和《金色的鱼钩》中的老班长,他们虽然只是革命历史中的小人物,但他们的选择和行为却体现了坚定的革命信仰和牺牲奉献精神。通过讲述这些故事,我们可以让学生更加深刻地理解革命文化的内涵和价值。

发展原则,挖掘历史背景。小学生对于革命文化的认同不是一蹴而就的,而是需要在不断的学习和体验中逐渐形成的。因此,我们在进行革命文化教育时,应该根据学生的年龄特点和认知水平,采用相应的教学方法和手段,引导学生由浅入深地了解革命历史和文化。比如,在低年段可以通过播放革命动画影片、小视频等方式激发学生对革命人物的兴趣;在中高年段则可以通过引导学生探究故事情节、细节以及思辨性问题等方式加深学生对革命文化的理解和认同。我们还可以结合课外阅读、实践活动等多种形式,让学生更加深刻地感受革命文化的魅力。

(二)体悟革命文化应直观感受,完成其与文本的链接

对于小学生而言,要让他们真正体悟革命文化,最直观、最有效的方式就是让他们与文本产生链接,通过读、讲、写等形式,让革命精神、革命人物事迹和革命历史事件深入他们的内心。

阅读文本是小学生体悟革命文化的基础。通过熟读革命题材的课文,学生可以初步了解革命精神的基本内容,如胸怀理想、牺牲奉献、不畏艰难、艰

苦奋斗、百折不挠、团结一致、顾全大局、实事求是等。这些精神内容虽然抽象，但是通过课文的具体描绘，学生可以形成直观的感受。例如，《吃水不忘挖井人》这篇文章，通过讲述毛主席带领人们深挖水井的故事，体现了团结一致、艰苦奋斗的革命精神。学生在读这篇文章的过程中，可以感受到革命先辈们为了人民的利益而共同奋斗的情景，从而对这些精神内容有更深刻的理解。

讲故事是小学生体悟革命文化的有效方式。通过讲述革命人物的事迹，学生可以更加直观地感受到革命英雄的爱国主义情怀和英勇无畏的精神。例如，《手术台就是阵地》这篇文章，讲述了白求恩大夫在战斗激烈的情况下坚守手术台的故事。学生在讲述这个故事的过程中，可以加深对"手术台就是阵地"的理解，感受到白求恩大夫为了救治伤员而不顾个人安危的崇高品质。讲故事的方式不仅可以激发学生的学习兴趣，还可以让他们在讲述的过程中加深对革命文化的理解。

写梗概是小学生体悟革命文化的高级形式。通过写革命历史事件的梗概，学生可以更加深入地了解历史事件的背景、过程和意义，从而形成自己的知识架构。例如，《冀中的地道战》这篇文章，讲述了抗日战争时期冀中人民利用地道战打击敌人的故事。学生在写这篇文章的梗概时，需要准确把握文章的主要内容和关键信息，用自己的话简洁明了地概括出来。这个过程不仅可以锻炼学生的阅读能力和概括能力，还可以让他们更加深入地了解历史事件的真实情况。

在进行这些活动时，教师还应注重引导学生掌握查找资料和运用资料的基本方法，让他们能够根据自己的需要收集信息、运用信息。教师还可以通过专题探究活动、辩论赛、演讲比赛、读书分享会等形式检验学生的学习成果，让他们在展示的过程中增强自信心和表达能力。

（三）践行革命文化应知行合一，完成其与生活的链接

鉴于革命文化在培育小学生社会主义核心价值观中的重要性，我们可以通过挖掘革命文化资源，注重革命文化的生活化、形象化和具体化传播等方式实现其与生活的链接，做到知行合一。

要让小学生通过家庭教育和社会实践的方式接触革命文化。家庭是孩子的第一所学校，家长可以通过讲述家族中的革命故事、参观革命纪念地等方式，让孩子从小就接触到革命文化，培养其对革命文化的兴趣和认同感。学校也可以组织一些社会实践活动，如参观革命遗址、访问革命老兵等，让学生亲身体验革命文化的魅力，从而加深对革命文化的理解和认同。

要注重革命精神的学习和传承。革命精神是革命文化的核心，它包含胸怀理想、牺牲奉献、不畏艰难、艰苦奋斗、百折不挠、团结一致、顾全大局、实事求是等宝贵品质。这些品质不仅是革命战争年代需要的，也是新时代小学生成长成才的必备素质。因此，教师在课堂教学中要注重革命精神的渗透，引导学生学习革命英雄的事迹，感悟他们的崇高品质和伟大精神。学校还可以通过开展主题教育活动、举办讲座等方式，让学生更加深入地了解革命精神的内涵和价值，从而自觉地传承和弘扬革命精神。

要用好红色资源，讲好红色故事。红色资源是革命文化的生动载体，它包含丰富的历史信息和深厚的文化底蕴。教师要注重挖掘红色资源的历史内涵、时代价值和育人价值，将其融入课堂教学中，让学生在学习知识的同时接受革命文化的熏陶。教师还要善于讲好红色故事，通过生动的故事情节和鲜活的人物形象，让学生感受到革命先烈的英勇无畏和无私奉献精神，从而激发他们的爱国情感和报国之志。学校还可以通过举办红色故事演讲比赛、编排红色剧目等方式，让学生更加深入地了解红色故事背后的历史意义和文化内涵。

要建立弘扬革命文化的协同性和常态化机制。革命文化的弘扬需要全社会的共同努力，学校、家庭、社会等各方面都要加强合作，形成协同育人的良好氛围。还要将革命文化的教育纳入学校的课程体系中，使其成为常态化的教育内容，确保学生在校期间能够接受系统的革命文化教育。还要加强对革命文化教育工作的督导和评估，确保其真正落到实处并取得实效。

二、革命文化类课文阅读教学

革命文化题材的课文是历史的瑰宝，语文教育的灯塔。在教学时，教师应巧妙搭桥，链接历史与现实，让学生感受到革命精神的跨越时空的价值；紧扣细节，展现英雄风貌，使学生深刻体会革命者的崇高品质；坚守语文本体，关注语用实践，引导学生领悟点面结合的表达之妙；最终，将革命精神与现实生活相融，让学生在情感与理智的共鸣中，追寻当代的"壮士"足迹，将革命精神的火种播撒在心田，照亮前行的道路。下面以《狼牙山五壮士》为例，这类课文不仅要求学生习得语言表达、提升语文能力，更要求他们在学习过程中受到深刻的思想熏陶，实现情理相融的教学效果。那么，在教学实践中，如何让学生在革命文化题材的课文中既锻炼语言能力，又受到情感的洗礼呢？

（一）梳理：纵横对比，精准定位

从历史的纵深角度来看，小学语文教材中的课文类型呈现出丰富多彩、多维度的特点，其中革命传统教育题材占据了重要位置。这些课文不仅以生动的笔触描绘了革命者的崇高精神品质，如《我不能失信》中展现的坚守信用的原则、《为中华之崛起而读书》中体现的远大志向，还通过感人的事迹刻画了革命英雄人物的形象，如《黄继光》中英勇牺牲的黄继光、《军神》中坚韧不拔的刘伯承。教材中也不乏歌颂祖国的壮丽篇章，如《开国大典》中对新中国成立盛况的描绘、《延安，我把你追寻》中对革命圣地的深情追忆。

这些课文的选取，充分体现了新时代对革命文化题材的价值认同和教育诉求。它们篇幅短小精悍，适合小学生的阅读水平和身心发展特点，将革命传统教育融入语文学习中，让学生在阅读的过程中感受革命精神的熏陶和洗礼。

在教材的编排上，编者采用了分散与集中相结合的方式，既将革命传统教育题材的课文分散在各个单元中，又通过集中安排的方式突出其主体地位。低年级的课文主要以单篇形式出现，内容浅显易懂，以故事性强的特点吸引学生的注意力；而随着年级的升高，这类课文开始被集中安排在一个单元内，如四年级上册的"家国情怀"单元就集中了《为中华之崛起而读书》等三篇相关主题的课文，这种编排方式有助于学生在学习的过程中逐步深化对革命传统教育的理解和认识。

不同学段的课文文体也有所不同。低年级的课文主要以易懂且篇幅短小的故事为主，如寓言、童话等；而高年级的课文则开始引入更为复杂的文体，如回忆录、散文、演说词等。这些文体的变化不仅丰富了教材内容的表现形式，也为学生提供了多样化的阅读体验和学习机会。

从横向角度来看，单元的内容十分丰富且主题鲜明。如六年级上册第二单元包括《七律·长征》《狼牙山五壮士》《开国大典》三篇精读课文和《灯光》一篇略读课文。这些课文从不同角度展现了不同革命时期的历史画面和英雄人物的光辉事迹，体现了气壮山河的革命豪情和大无畏的英雄主义精神。除了课文之外，单元还安排了口语交际、习作和语文园地等内容，旨在通过多样化的活动形式落实"人文主题"与"语文要素"的学习要求，让学生在实践中提升语文素养和培养革命精神品质。

（二）搭桥：链接资料，拉近距离

革命文化教育对于儿童来说存在一定的难度和挑战。因为革命文化题材的文章大多发生在特定历史时期，与学生之间存在着时空上的距离和认知上的隔阂。为了拉近学生与历史的距离、消除隔阂感并激活革命文化题材文章的育人功能，教师在教学过程中需要采取一系列有效的教学策略和方法。

教师可以利用多媒体手段呈现相关历史背景和信息。例如，在上课伊始阶段出示日军侵华的图片文字资料，并配以激情饱满的讲解，让学生了解中国人民不屈不挠的抗战史和革命历程；同时针对课文中涉及的特定历史背景组织学生进行交流和讨论，如"晋察冀根据地""游击战争"等概念性知识以及当时的社会背景等内容。这样不仅可以帮助学生更好地理解课文内容及其所蕴含的历史意义和价值内涵，还可以为理解人物品质和融入课文做好情感铺垫。

在教学过程中适时引入相关历史资料来帮助学生深入理解课文内容也是非常重要的。例如，在讲解五壮士面临的第一次考验时，引入《视死如归壮军威——忆狼牙山之战》一文中所记载的战争背景资料，就可以让学生真切地感受到当时敌众我寡、力量悬殊的严峻形势；同时配以相关视频或图片资料来展现五壮士英勇跳崖的悲壮场面，则可以让学生更加深刻地体会到他们大无畏的革命英雄主义精神。这些资料的补充不仅可以丰富教学内容、拓宽学生视野，还可以帮助学生更加深入地理解和把握课文内容及其所蕴含的革命精神内涵。

为了进一步强化学生的精神感知和情感体验，教师还可以及时还原史实，并用课件展示相关历史人物的亲笔书信等资料。这些真实的历史资料不仅可以作为教学的有力证据和支撑点，来引导学生更加深入地理解课文内容及其所蕴含的历史意义和价值内涵，还可以从另一个角度展现历史人物的风采和内心世界，让学生更加全面地了解历史、认识历史并尊重历史。例如，余药夫的亲笔书信中记载的日本鬼子在八路军跳崖处列队行礼的情景，就可以作为一个很好的切入点，来引导学生感受五壮士视死如归的英雄壮举所带来的震撼佩之情，同时也可以引发学生对历史事件进行深入思考和探讨的兴趣和热情。

（三）聚焦：紧扣细节，走近伟人

语文教学要注重语言味儿的体现和对学生情感态度的培养。本篇课文以丰富细腻的语言再现了英雄人物的形象和内心世界，为了让学生更好地感受这些英雄人物的精神风貌和内心世界，并与之产生情感共鸣，教师需要引导学生紧扣课文中的细节描写进行深入品读和交流讨论。在教学过程中，教师可以引导学生围绕以下三个场景进行交流讨论：选择、歼敌和跳崖；通过对这三个场景中人物动作、神态、心理等方面的细致描写，来感受五壮士之壮行所蕴含的价值意义，以及他们内心世界之壮丽和英勇豪迈的气概。

首先是"选择"场景。在这一场景中，五壮士面临着生死抉择的考验，他们选择把敌人引上绝路，实际上也是把自己引上了绝路，这种义无反顾的选择背后，体现出了英雄本色和对集体利益的担忧情怀。教师可以引导学生通过换位思考、情境模拟等方式，来感受五壮士在面临生死抉择时所展现出来的凛然正气和坚定果断的气概；同时还可以通过对比不同选择可能带来的不同结果，来进一步凸显五壮士之壮行所蕴含的价值意义，以及他们内心世界之壮丽。

其次是"歼敌"场景。这一部分战斗最为惨烈，也最能表现五壮士之壮举，虽然没有直接描写人物心理活动和表态式豪言壮语，但通过对敌人仇恨、完成任务坚定决心以及英勇牺牲精神等方面的描写，可以感受到五壮士内心世界之壮丽和英勇豪迈的气概。教师可以创设与课文相似的情感氛围，让学生入情入境地朗读相关段落，并想象当时的战斗场景以及五壮士的心理活动；同时还可以抓住关键词语，如"拧""抢""夺""插""举""砸"等进行深入剖析，以体会班长机智勇敢等优秀品质；最后再通过补充相关资料，让学生进一步感受"砸"字所蕴含的丰富情感内涵，以及五壮士对敌人无比蔑视和视死如归的精神风貌。

最后是"跳崖"场景。弹尽路绝之际，五壮士毅然选择跳崖这一悲壮方式，来诠释"舍生取义"的内涵，并证明中国人民坚强不屈、永远打不败的精神风貌；但由于认识偏差和价值观不同等原因，学生可能难以理解他们当时跳崖的举动以及内心感受等方面内容；因此，教师需要采取有效的教学策略，来引导学生深入体会革命志士舍生取义的壮举背后所蕴含的崇高思想境界和伟大的民族精神内涵。例如，可以通过替换关键词语让学生对照比较理解，以体会五壮士顶天立地的英雄气概以及对人民的满怀深情；再顺势提问："为什么跳崖前脸上露出胜利的喜悦？""为何激动？"等问题，来引导学生思考反常举动背后所反映出来的内心品质；最后再通过关注关键词语，如"砸""纵身跳下""昂首挺胸"等，来感受他们对敌人无比的蔑视和视死如归的精神气概；在此基础上再组织讨论交流活动，让学生自然而然地明白这一跳是为革命甘愿牺牲自己宝贵生命的崇高思想境界的体现；同时还可以通过拓展延伸活动，让学生进一步了解其他革命先烈的事迹，以加深对革命精神内涵的理解和把握。通过以上教学策略的实施，我们可以让学生在语文学习的过程中更加深入地理解和感受革命传统教育的精神内涵，让革命文化的育人功能在语文课堂上得到充分发挥。

（四）守本：关注语用，加强实践

革命文化题材的课文，既是历史的见证，也是语文教育的宝贵资源。这类课文的教学，既要体现其特殊性，即传承革命精神，弘扬爱国主义，又要坚守语文课程的本体性，即关注语言文字的运用，加强语文实践。本单元的语文要素为"了解文章是怎样点面结合写场面的"，这一要素的学习，对于提升学生的阅读能力和表达能力具有重要意义。

在教授这类课文时，教师要引领学生关注写法，领悟其表达的规律。以《狼牙山五壮士》为例，课文中的"痛击来敌""顶峰歼敌""舍身跳崖"等场面描写，都是运用了点面结合的方式。此种写法既展现了五壮士英勇无畏的群像，又凸显了每个个体的性格特点。

为了让学生更好地领悟这种写法，教师可以采取以下教学策略。首先，让学生自己画出具体描写五壮士痛击敌人的句子，通过交流描写人物动作、神态的词语感受人物形象，体会其情感。这样，学生就能从细节描写中感受到五壮士的英勇无畏和爱国情怀。其次，引导学生朗读相关语句并交流发现，从而理解对群体的描写就是"面"，对个体的描写就是"点"，课文的这种写法叫点面结合。最后，引导学生讨论作者是如何"由面到点"把场景写具体、写清楚的，这样写有何好处。通过这个环节的学习，学生不仅可以更深入地感受人物的形象和情感，还学会了语言的表达艺术，学会了点面结合的表现手法。

教师还可以结合课文内容，进行适当的拓展和延伸。例如，可以播放一些与课文内容相关的影片片段，让学生将其与文章中的叙述进行对比，引导学生发现场面描写与电影镜头之间的异曲同工之妙。这样，学生就能更深入地理解点面结合的写法，并将其运用到自己的写作中。

（五）开新：对接生活，情理共振

革命文化题材课文的教学，不仅要让学生理解历史、感悟精神，还要将革命文化精神与现实生活对接起来，让学生在生活中寻找"壮士"，感受经典课文中革命英雄之魅力。这样，学生才能真正理解革命精神的当代价值，并将其内化为自己的精神追求。

为了实现这一目标，教师在教学中可以采取以下措施。

第一，通过播放一些当代英雄人物的视频资料，如为保卫领空与敌机相撞而牺牲的王伟等，让学生理解新时代"壮士"的新的内涵。这些英雄人物虽然生活在不同的时代，但他们身上所体现出的爱国情怀和牺牲精神却是相同的。通过这种方式，学生可以更直观地感受到革命精神在当代的传承和发扬。

第二，教师可以引导学生结合自己的生活经验，谈谈对革命精神的理解。例如，可以让学生回忆自己在生活中遇到的困难和挑战，以及是如何克服这些困难的。通过此种方式，学生可以更深入地理解革命精神所蕴含的坚韧不拔、勇往直前的品质，并将其应用到自己的生活中。

第三，教师还可以组织一些实践活动，让学生在实践中体验革命精神。例如，可以组织学生参观革命历史纪念馆、烈士陵园等场所，让学生亲身感受革命先烈的英勇事迹和崇高精神，学生可以更深刻地理解革命精神的伟大意义，并将其内化为自己的精神追求。

三、革命文化类课文作业设计

在革命文化类课文的教学中，预习、辅学和拓学作业的设计如同巧妙的音符，共同谱写着小学语文教学的华章。预习作业引导学生初探革命历史之海，激发他们的求知欲和探究欲；辅学作业则以丰富多样的形式助力学生深入理解文本，与英雄人物共鸣，体悟革命精神的伟大；拓学作业则将学生引向更广阔的历史天地，通过阅读、实践与写作，让革命精神在他们心中生根发芽，绽放出时代的光芒。这一过程中，教师精心设计的作业如同智慧的引路人，带领学生在革命文化的宝库中遨游，感受着历史的厚重与英雄的伟大，最终内化为自己成长的力量。

（一）以预习作业为导向，拨动教学"切入点"

在教授革命文化类课文时，预习作业的设计至关重要。它不仅是学生对新课的初步了解，更是教师掌握学情、确定教学重难点的重要依据。通过精心设计的预习作业，教师可以拨动教学的"切入点"，激发学生的学习兴趣，提高课堂教学效率。

1. 预习作业的设计原则

首先，预习作业的设计应基于儿童立场，充分考虑学生的认知水平和兴趣爱好。对于革命文化类课文，由于事件背景远离学生生活实际，预习作业应避免过于抽象和枯燥的内容，而应结合学生的生活经验，设计具有趣味性和探究性的任务。

其次，预习作业应具有针对性。教师应根据课文内容和学生特点，设计能够帮助学生储备背景知识、理解课文内容的作业。预习作业还应具有层次性，满足不同学生的学习需求。

最后，预习作业应注重反馈。教师应及时收集、整理学生的预习成果，了解学生的学习情况，以便在课堂教学中进行有针对性的指导。

2. 预习作业的实施策略

（1）设计"人物资料研究单"

对于涉及重要历史人物的革命文化类课文，教师可以设计"人物资料研究单",让学生通过调查、收集资料等方式了解人物的生平事迹、性格特点等。这样的预习作业不仅帮助学生储备了背景知识,还激发了学生的探究兴趣。

例如,在教授《十六年前的回忆》这篇课文时,教师可以让学生收集关于李大钊的资料,了解其生平事迹、革命贡献等。通过完成预习作业,学生对李大钊有了更深入的了解,为理解课文内容奠定了基础。

(2)设计"事件研究单"

对于涉及重要历史事件的革命文化类课文,教师可以设计"事件研究单",让学生通过查阅历史资料、观看相关视频等方式了解事件的背景、经过和影响。这样的预习作业有助于学生更好地理解课文内容,感受历史事件的时代意义。

例如,在教授《七律·长征》这首诗时,教师可以让学生收集关于长征的资料,了解长征的起因、经过和意义。通过完成预习作业,学生对长征有了更全面的认识,为理解诗歌内容奠定了基础。

(3)根据预习成果调整教学

通过收集和分析学生的预习成果,教师可以了解学生在学习时可能存在的困难、误区以及期待。在此基础上,教师可以调整教学策略,直击疑难点,提高课堂效率。

例如,在教授《狼牙山五壮士》这篇课文时,教师发现学生对五壮士跳崖的英勇行为存在疑惑。针对这一问题,教师可以在课堂教学中重点讲解五壮士的英勇事迹和革命精神,引导学生深入理解课文内容。

(二)以辅学作业为支架,驱动教学"深入点"

在进行革命文化类课文教学时,辅学作业的设计同样重要。辅学作业可以作为引导学生展开个性化阅读的支架,帮助学生关注表达、积累语言,与作品进行对话碰撞,激发思维。通过辅学作业,教师可以驱动教学的"深入点",引导学生深入理解课文内容,感受革命文化的魅力。

1. 导图式作业:厘清文本思路

对于革命文化类课文,学生首先需要对其中的事件有一个整体的了解。导图式作业可以帮助学生厘清文本思路,整体把握文意和文脉。通过绘制课文内容的思维导图，学生可以清晰地看到事件的发展脉络和人物关系，从而更好地理解课文内容。

例如，在《梅兰芳蓄须》一课的教学中，教师可以设计导图式作业，让学生按照时间顺序梳理出梅兰芳在不同时间点所经历的事件。在绘制思维导图的过程中，学生需要仔细阅读课文，提取关键信息，并思考事件之间的内在联系。通过这样的梳理，学生能够更好地理解梅兰芳的爱国精神和坚韧不拔的品质。

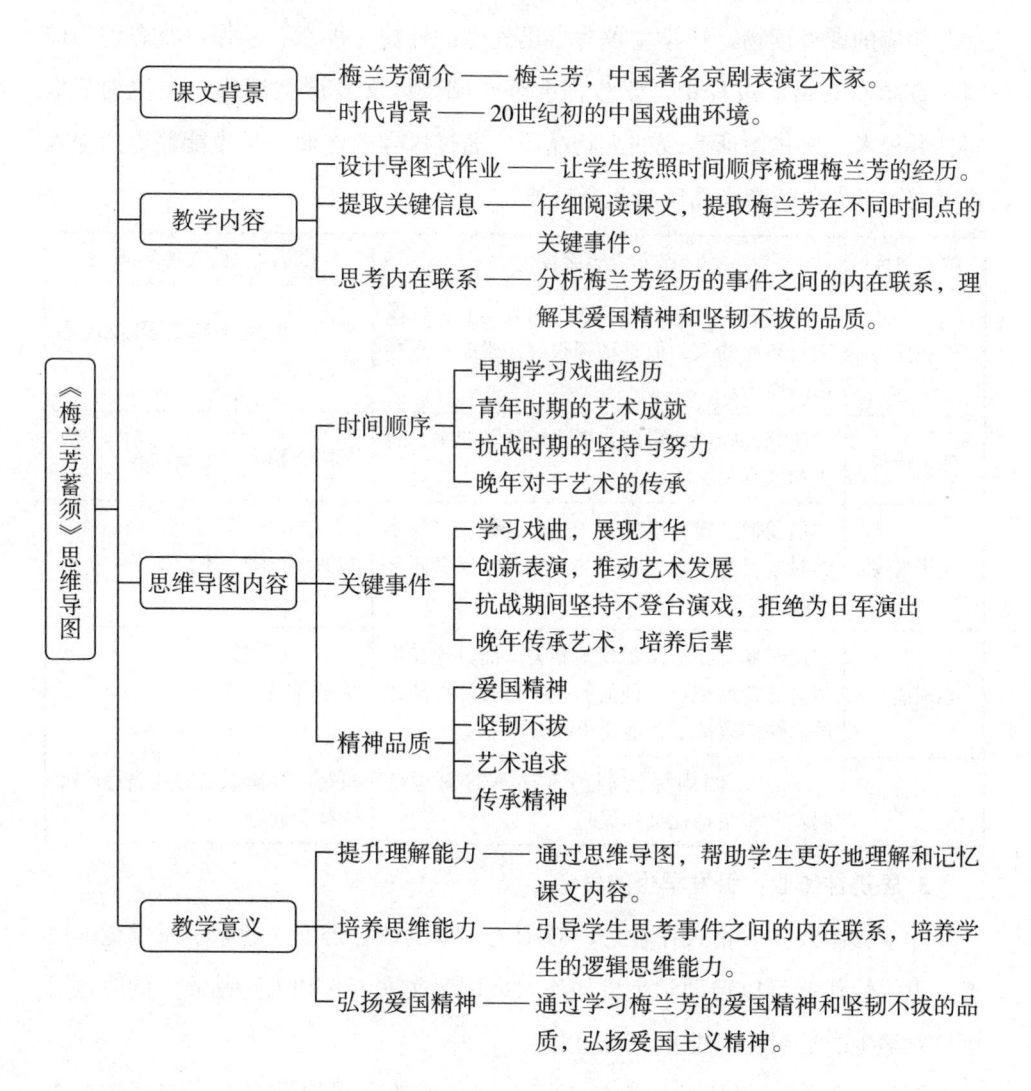

《梅兰芳蓄须》思维导图

- 课文背景
  - 梅兰芳简介 —— 梅兰芳，中国著名京剧表演艺术家。
  - 时代背景 —— 20世纪初的中国戏曲环境。
- 教学内容
  - 设计导图式作业 —— 让学生按照时间顺序梳理梅兰芳的经历。
  - 提取关键信息 —— 仔细阅读课文，提取梅兰芳在不同时间点的关键事件。
  - 思考内在联系 —— 分析梅兰芳经历的事件之间的内在联系，理解其爱国精神和坚韧不拔的品质。
- 思维导图内容
  - 时间顺序
    - 早期学习戏曲经历
    - 青年时期的艺术成就
    - 抗战时期的坚持与努力
    - 晚年对于艺术的传承
  - 关键事件
    - 学习戏曲，展现才华
    - 创新表演，推动艺术发展
    - 抗战期间坚持不登台演戏，拒绝为日军演出
    - 晚年传承艺术，培养后辈
  - 精神品质
    - 爱国精神
    - 坚韧不拔
    - 艺术追求
    - 传承精神
- 教学意义
  - 提升理解能力 —— 通过思维导图，帮助学生更好地理解和记忆课文内容。
  - 培养思维能力 —— 引导学生思考事件之间的内在联系，培养学生的逻辑思维能力。
  - 弘扬爱国精神 —— 通过学习梅兰芳的爱国精神和坚韧不拔的品质，弘扬爱国主义精神。

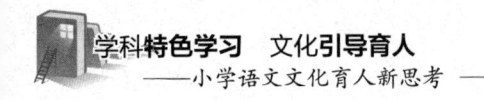

2. 表格式作业：体会英雄的革命精神

革命传统类文章的一个重要使命就是让学生树立正确的世界观、人生观。表格式作业可以帮助学生通过品味文本中的细节描写来感受人物品质、走进人物的内心。通过填写表格，学生可以更加深入地理解课文内容，感受英雄人物的革命精神。

例如，在《我的伯父鲁迅先生》的教学中，教师可以设计表格作业，并推荐相应的课外读物，让学生填写鲁迅先生的外貌、神态、动作以及心理等描写。在填写表格的过程中，学生需要仔细阅读课文及课文读物，关注细节描写，并思考这些描写所表现的人物品质。通过这样的作业，学生能够更加深入地理解鲁迅先生的高尚品质和革命精神。

描写方面	课文内容摘录	表现出的人物品质
外貌描写	"他的面孔黄里带白，瘦得叫人担心，好像大病新愈的人，但是精神很好，没有一点颓唐的样子。"	坚韧、不顾身体的健康状况仍坚持工作
神态描写	"他总是眯缝着眼睛，微微地笑了起来，对人和蔼可亲。"	亲切、和蔼、平易近人
动作描写	"伯父摸了摸自己的鼻子，笑着说：'我小的时候，鼻子跟你爸爸的一样，也是又高又直的。'"	幽默、自嘲、不摆架子
心理描写	"这时候，我清清楚楚地看见，而且现在也清清楚楚地记得，他的脸上不再有那种慈祥的愉快的表情了，他变得那么严肃。"	忧国忧民
语言描写	"你想，四周黑洞洞的，还不容易碰壁吗？"（暗指社会的黑暗）	机智、用幽默的方式表述严肃的社会问题

3. 思辨性作业：引发学生的思考

除了导图式和表格式作业外，教师还可以设计思辨性作业来引发学生的思考。思辨性作业可以帮助学生更加深入地理解文本内容和人物品质，同时也可以培养学生的批判性思维和创新能力。

例如，教师可以让学生比较不同人物或事件之间的异同点、探讨作者选择特定事例的原因等。这样的作业需要学生运用所学知识进行分析、比较和评价，从而得出自己的结论。通过这样的作业，学生能够更加深入地理解课文内容，同时也可以提高自己的思维能力和表达能力。

（三）以拓展作业为载体，联动教学"延伸点"

课堂学习只是学生学习革命文化的一部分，为了让学生更加全面地了解历史、感受革命精神，教师还需要通过拓展作业来拓宽学生的学习视野。拓展作业可以作为课堂教学的补充和延伸，帮助学生巩固所学知识、拓展学习视野、提高综合素养。

1. 联动阅读：从一篇走向多篇

革命文化类文章一般描述发生在某一历史时期的人物或事件，学生很难通过单篇阅读了解历史全貌或人物全貌。因此，教师需要设计课外阅读拓展作业，让学生了解更多的英雄事迹和历史背景。通过联动阅读，学生可以从学习一篇课文扩展到多篇相关文章，更加全面地了解历史事件和人物形象。

例如，在《金色的鱼钩》一课的教学后，教师可以推荐学生阅读《草地夜行》《倔强的小红军》《丰碑》等相关文章。这些文章都是关于长征途中的英雄人物和革命精神的故事，通过阅读这些文章，学生可以更加深入地了解长征的历史背景和英雄人物的事迹。教师还可以引导学生比较不同文章中的描写手法和人物形象塑造方法，提高学生的阅读能力和鉴赏水平。

2. 联动活动：从单一走向综合

革命文化教育具有很强的综合性，需要学生亲身实践。因此，教师可以设计综合性学习活动作业来拓展学生的学习视野和深度。通过联动活动，学生可以从单一的课堂学习走向综合的实践活动，更加深入地理解课文内容并提升自己的综合学习能力。

例如，在《狼牙山五壮士》一课的教学后，教师可以组织学生开展"读作品、谈感受"和"观电影、品作品"等活动。在读作品、谈感受的活动中，学生可以阅读关于狼牙山五壮士的其他文学作品，并分享自己的感受和体会。在观电影、品作品的活动中，教师可以引导学生分析影视作品中的表现手法和人物形象塑造方法，并与课文内容进行对比和联系。通过这样的活动，学生能够更加深入地理解课文内容并提升自己的阅读水平和综合学习能力。

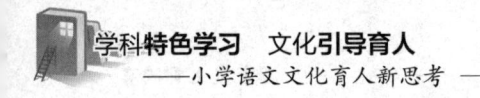

3. 联动练笔：从习得走向运用

学习革命文化类课文后，学生往往会产生表达自己想法的愿望。因此，教师可以抓住时机设计练笔作业来及时输出学生的感想和内化对革命历史的情感认同。通过联动练笔，学生可以从习得知识走向运用知识，更加深入地理解课文内容并提高自己的写作能力。

例如，在《狼牙山五壮士》一课的教学后，教师可以让学生写一写自己心目中的壮士是谁？并说明理由。这样的设计能够让学生从课内走向课外、从历史走向当今、从国家的英雄走向身边的英雄，在书写之中根植英雄精神并获得成长力量。教师还可以通过评价学生的练笔作业来了解学生对革命文化的理解和认同程度，为后续教学提供依据和指导。

第三节 小学语文革命文化主题实践育人

小学语文革命文化主题实践育人，旨在通过丰富多彩的实践活动，让革命文化的种子在学生心中生根发芽。在语文的沃土上，我们播撒着革命先烈的崇高精神，浇灌着坚韧不拔的民族精神。通过主题实践，学生将亲身感受革命历史的波澜壮阔，领悟革命精神的伟大力量，从而在心中树立起坚定的理想信念和高尚的道德情操。让我们携手共进，以革命文化为灯，照亮学生的成长之路，培育出担当民族复兴大任的时代新人。

一、小学语文革命文化主题实践育人概念内涵

小学语文革命文化主题实践育人，是指在小学语文教学中，通过深入挖掘和整合革命文化资源，设计丰富多彩的实践活动，让学生在亲身体验中感受革命文化的魅力，理解革命精神的内涵，从而培养学生的爱国情怀、道德品质、历史意识等综合素养的一种育人方式。

（一）小学语文革命文化主题实践育人特点

小学语文革命文化主题实践育人如春风化雨，巧妙融合实践、整合、趣味与教育于一体，让学生在亲身体验中感悟革命精神，于文化整合中汲取智慧，在趣味激发下探索知识，最终内化为自身的爱国情怀与崇高品质。

1. 实践性

小学语文革命文化主题实践育人强调学生的亲身体验和参与，让学生在实践中深入感受革命文化的魅力。实践性不仅体现在课堂上的角色扮演、情景模拟等活动，还延伸到课外的实地考察、采访调研等。例如，教师可以组织学生

参观革命历史纪念馆，让学生亲身感受革命先烈的英勇事迹，从而激发他们对革命文化的敬仰之情。教师还可以引导学生通过写作、绘画等方式表达自己对革命文化的理解和感受，进一步加深他们对革命文化的认识。

2. 整合性

小学语文革命文化主题实践育人注重对革命文化资源的挖掘和整合，将革命文化与小学语文教学有机结合。教师可以通过挖掘教材中的革命文化元素，将其与课外资源相整合，形成丰富多样的教学内容。例如，在学习《狼牙山五壮士》等革命题材课文时，教师可以引入相关的历史背景、人物故事等课外资源，让学生更全面地了解革命历史，感受革命精神。教师还可以结合地域文化特色，将当地的革命文化资源引入课堂，让学生感受到革命文化与自己生活的紧密联系。

3. 趣味性

小学语文革命文化主题实践育人中，可以设计富有趣味性的实践活动，激发学生的学习兴趣和积极性。教师可以通过设计生动有趣的课堂游戏、竞赛等活动，让学生在轻松愉快的氛围中学习革命文化。例如，教师可以通过组织学生进行革命知识竞赛、抢答、猜词游戏等方式让学生掌握革命历史知识和相关词汇。教师还可以利用多媒体技术制作革命文化主题的动画、视频等，以更加直观形象的方式呈现革命文化内容，吸引学生的注意力。

4. 教育性

小学语文革命文化主题实践育人注重革命文化的教育价值，通过实践活动培养学生的爱国情怀、道德品质等综合素养。教师可以通过讲述革命先烈的英勇事迹和崇高精神，引导学生树立正确的价值观和人生观。例如，在学习《为人民服务》等课文时，教师可以引导学生思考什么是真正的为人民服务精神，并鼓励他们在日常生活中践行这种精神。教师还可以结合当前的社会热点和时事新闻，引导学生关注国家大事和民族命运，培养他们的爱国情怀和社会责任感。通过这些实践活动，学生可以更加深刻地理解革命文化的内涵和价值所在，并将其内化为自己的精神追求和行为准则。

（二）小学语文革命文化主题实践育人活动类型

小学语文革命文化主题实践育人活动，以革命故事分享会传承历史记忆，红色诗词朗诵会激发爱国情怀，红色歌曲合唱凝聚奋进力量，手抄报绘画比赛描绘革命风采，参观红色教育基地感悟革命精神，征文比赛书写红色情怀，让学生在多样化的实践中深刻领悟革命文化的丰富内涵和时代价值。

1. 革命故事分享会

革命故事分享会是一种富有教育意义的活动，旨在让学生通过讲述和聆听革命故事，深入了解革命历史，感受革命先烈的英勇事迹。在活动前，教师可以引导学生通过书籍、网络等渠道搜集革命故事，并鼓励他们进行整理和提炼。在分享会上，学生可以以口头讲述、PPT展示、角色扮演等多种形式呈现他们搜集到的故事。

例如，学生可以讲述《小兵张嘎》《闪闪的红星》等经典革命故事，或者介绍一些他们新发现的、鲜为人知的革命英雄事迹。通过分享和互动，学生不仅能够锻炼口语表达能力，还能在情感上受到熏陶，增强对革命文化的认同感和敬仰之情。

2. 红色诗词朗诵会

红色诗词是革命文化的重要组成部分，它们以激昂的文字、深邃的思想表达了革命者的豪情壮志和坚定信念。通过红色诗词朗诵会，学生可以更直观地感受到革命文化的魅力，培养爱国情怀。

例如，教师可以选取《长征》《忆秦娥·娄山关》等经典红色诗词作为朗诵材料。在朗诵过程中，教师可以引导学生注意诗词的节奏、韵律和情感表达，让他们通过反复练习和表演，逐渐掌握朗诵技巧，感受诗词中蕴含的革命精神和爱国情怀。

3. 红色主题手抄报或绘画比赛

红色主题手抄报或绘画比赛是一种富有创意和趣味性的活动，旨在让学生通过创作手抄报或绘画来表达他们对革命文化的理解。不仅可以培养学生的动手能力，还能让他们在创作过程中更深入地理解革命文化。

例如，教师可以设定"革命英雄""红色故事"等主题，让学生围绕这些主题进行创作。在创作过程中，教师可以引导学生运用各种绘画技巧和材料，如彩笔、水彩、油画棒等，来表现革命文化的丰富内涵和独特魅力。通过评选和展示优秀作品，学生可以相互学习和借鉴，进一步提高自己的创作水平和审美能力。

4. 参观红色教育基地

参观红色教育基地是一种直观、生动的教育方式，可以让学生身临其境地感受革命历史的厚重感和革命文化的独特魅力。通过参观红色教育基地，学生可以更深入地了解革命历史、缅怀革命先烈、接受革命传统教育。

例如，教师可以组织学生参观当地的革命历史纪念馆、烈士陵园等红色教育基地。在参观过程中，教师可以引导学生认真聆听讲解员的讲解，仔细观察展品和图片，让他们通过亲身感受和体验来加深对革命历史和文化的认识和理解。教师还可以组织学生进行现场讨论和交流，分享自己的感受和体会，进一步巩固和深化教育效果。

5. 红色主题征文比赛

红色主题征文比赛是一种锻炼学生写作能力和思维能力的有效方式。教师可以通过设定与革命文化相关的主题，引导学生进行深入思考和探索，写出有深度、有见解的文章。

例如，教师可以设定"我心中的革命英雄""红色故事对我的启示"等主题，让学生进行创作。在写作过程中，教师可以引导学生运用各种写作技巧和表达方式，如叙述、描写、议论等，来表现自己对革命文化的理解和感悟。通过评选和展示优秀作品，学生可以相互学习和借鉴写作经验，提高自己的写作水平和表达能力，培养学生的爱国情怀和道德品质，让他们在写作过程中受到潜移默化的影响和教育。

二、小学语文革命文化主题实践育人策略

小学革命文化教育，需教师匠心独运，深挖资源以拉近历史距离，强化引导以传承红色基因，立足实践加强学科融合，方能让革命文化如春风化雨般滋润学生心田，培育出有理想、有担当的新时代少年。

（一）开发利用资源，拉近与文本的距离

革命文化，作为中华民族精神宝库中的重要组成部分，承载着丰富的历史信息和深厚的文化底蕴。然而，对于现代的小学生来说，革命文化往往显得遥远而陌生。为了拉近学生与革命文化的距离，教师需要积极开发利用各种资源，让革命文化真正走进学生的心灵。

教师可以深入挖掘教材中的革命文化元素。统编版小学语文教材中，革命文化主题的课文贯穿始终，这为教师提供了丰富的教学资源。通过精心备课，教师可以准确把握这些课文所渗透的革命精神，引导学生在理解课文内容的同时感受革命文化的独特魅力。

教师可以积极搜集和整理相关的视频、图片、背景资料等，建立起一个革命文化资源库。这些资源可以在课堂上适时展示，帮助学生更好地理解课文的时代背景。例如在教授《吃水不忘挖井人》这一课时，教师可以展示一些关于毛泽东主席和井冈山革命根据地的图片和视频资料，让学生更加直观地了解当时的历史背景和艰苦环境。

教师还可以鼓励学生利用课余时间进行课外阅读实践。通过推荐一些适合小学生阅读的革命文化书籍，教师可以引导学生更加深入地了解革命历史和革命人物。教师还可以组织学生进行读书分享会、读后感交流等活动，让学生在交流中互相学习、互相启发。

（二）强化教学引导，融入革命传承

在小学革命文化教育中，教师的教学引导起着至关重要的作用。为了将革命文化更好地融入课堂教学中，教师需要采取一系列有效的教学策略和方法。

教师可以利用课堂讲解的方式向学生传授革命文化知识。在讲解过程中，教师需要注重历史与现实的结合，让学生感受到革命文化与当代社会的紧密联系。教师还需要注重情感的熏陶和价值观的引导，让学生在了解革命历史的同时培养起对革命先辈的崇敬之情和对祖国的热爱之情。

教师可以设计一些富有创意和趣味性的教学活动来激发学生的学习兴趣。例如，在教授《雷锋叔叔，你在哪里》这一课时，教师可以组织学生进行角色扮演游戏，让学生分别扮演雷锋叔叔和需要帮助的人，通过模拟真实场景来加

深学生对雷锋精神的理解。教师还可以利用多媒体技术制作一些生动有趣的课件和动画视频来辅助教学讲解，让学生在轻松愉快的氛围中学习革命文化。

除了课堂教学之外，教师还需要将革命文化教育延伸到课外活动中去。通过组织学生参加各种形式的研学活动、社会实践活动等，教师可以让学生在亲身体验中感受革命文化的魅力。例如，教师可以带领学生参观当地的爱国主义教育基地、革命历史纪念馆等场所，让学生亲身感受革命历史的厚重感和革命先辈的英勇事迹。

教师还可以鼓励学生利用节假日时间前往一些著名的红色旅游景区进行游览和学习，让学生在欣赏美景的同时接受革命文化的熏陶。

（三）立足实践活动，加强学科融合

实践活动是小学革命文化教育的重要组成部分。通过开展丰富多彩的实践活动，教师可以让学生在亲身体验中感受革命文化的魅力，增强对革命历史和革命精神的理解和认同。

教师可以利用班级文化建设来营造良好的革命文化教育氛围。通过在班级中张贴关于革命故事的海报、悬挂革命先辈的画像和名言警句等方式，教师可以让学生在耳濡目染中了解革命事件、认识革命人物、感受革命精神。教师还可以鼓励学生利用课余时间自行搜集和整理一些关于革命历史和革命人物的小故事和资料，并在班级中进行分享和交流。

教师可以组织一些形式多样的课外活动来丰富学生的学习体验。例如，教师可以带领学生前往红色旅游区和革命根据地参观博物馆、纪念馆等场所，让学生在实地参观中了解革命先辈的事迹和精神风貌；可以组织学生开展唱红歌、讲红色故事、诵红色诗词等文艺活动，让学生在艺术表演中感受革命文化的魅力和内涵；还可以鼓励学生利用课余时间进行红色征文创作活动，通过写作来表达自己对革命历史和革命精神的理解和感悟。

教师需要注重将革命文化教育与其他学科进行有机融合。通过将革命文化元素融入语文、思政、历史等学科的教学中，教师可以让学生在不同学科的学习中都能感受到革命文化的存在和影响。例如，在语文课上，教师可以结合课文内容引导学生进行深入思考和讨论；在思政课上，教师可以利用革命历史事件和人物来阐述相关的政治观点和理论；在历史课上，教师可以通过对革命历史的系统讲解来帮助学生建立完整的历史知识体系。通过这样的学科融合教育，教师可以让学生在全面、系统地学习革命文化的同时提高自身的综合素养和能力水平。

第四节 革命文化育人模式创新探索

在革命的烽火岁月中，先烈们用鲜血和生命铸就了不朽的精神丰碑，革命文化成为中华民族宝贵的精神财富。如今，在新的历史时期，我们需要不断探索革命文化育人模式，让这些珍贵的精神资源在新的时代背景下焕发新的光彩。通过创新育人方式，我们将革命文化的深厚底蕴融入教育的细水长流之中，滋养着一代又一代青少年的心灵，激励他们勇往直前，为实现民族复兴的伟大梦想而不懈奋斗。

一、基于情境教学推动革命文化育人创新

在这个新时代，我们有幸成为弘扬革命文化的使者，通过小学语文的教学，将这份宝贵的精神财富传递给下一代。让我们携手努力，以巧妙的情境设计、丰富的媒体资源、整合的教学内容、聚焦语言的教学策略，让革命文化在小学语文课堂上绽放新的光彩。愿学生在革命文化的熏陶下，成长为有理想、有信仰、有担当的新时代少年，为实现中华民族伟大复兴的中国梦贡献力量。

（一）巧设情境，增添课堂趣味——让革命文化跃然纸上

在小学语文教学中，革命文化题材的内容往往具有强烈的故事性和情节性，这为教师提供了丰富的情境创设素材。教师通过巧设情境，可以让革命文化跃然纸上，增添课堂的趣味，让学生在轻松愉悦的氛围中感悟革命文化的内涵。

例如，在教授《军神》一课时，教师可以让学生扮演课文中的角色，通过表演的形式再现故事情节。为了让学生更好地进入角色，教师可以事先准备好

相关的道具和服装，营造出逼真的场景氛围。在表演过程中，学生可以亲身体验到刘伯承的坚韧和勇敢，深刻感受到他所展现出的"军神"般的品质。这样的教学方式不仅激发了学生的学习兴趣，还让他们在表演中深刻理解了课文内容，对革命文化有了更加直观的感受。

教师还可以将课文改编成剧本，组织学生进行排练和表演。通过扮演角色、揣摩人物心理、模拟对话等方式，学生可以更加深入地理解课文中的人物形象和情节发展。在表演过程中，学生可以充分发挥自己的想象力和创造力，将革命文化的内容以更加生动有趣的方式呈现出来。这样的教学方式不仅锻炼了学生的表达能力和团队协作能力，还让他们在表演中深刻体验到了革命文化的魅力。

（二）善用媒体，拉近时空距离——让革命文化触手可及

革命文化题材的内容往往距离现在比较久远，对于小学生来说可能存在一定的时空隔阂感。在教学过程中，教师要善用多媒体手段，拉近时空距离，让学生感受到革命文化的真实性和亲近感。

例如，在教授《开国大典》一课时，教师可以通过展示新中国成立前后的历史背景、播放开国大典的真实影像资料等方式，让学生穿越时空的障碍，亲身感受当时人们的满腔豪情和欢欣鼓舞的心情。在观看视频资料的过程中，教师可以适时进行解说和引导，帮助学生更好地理解课文内容和历史背景。这样的教学方式不仅消除了学生对年代的隔阂感，还激发了他们对革命文化的浓厚兴趣和热爱之情。

除了视频资料外，音乐也是一种非常有效的多媒体手段。通过播放与课文内容相关的音乐作品，教师可以让学生在优美的旋律中感受到革命文化的深情厚谊。例如，在教授《少年中国说》这篇课文时，教师可以适时播放悲壮而雄伟的乐曲，让学生动情地朗诵课文。在音乐的熏陶下，学生可以更加深入地理解课文内容和作者的情感表达，对革命文化产生更加深刻的共鸣和体验。

（三）整合资源，落实语文要素——让革命文化教学更加丰富多彩

小学语文教科书上有关革命文化的内容往往以单元整体的形式出现，这为教师提供了丰富的教学资源。在教学过程中，教师要善于整合各种教学资源，

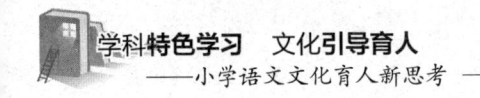

从单元整体的角度出发,落实语文要素,让革命文化教学更加丰富多彩。

例如,在教授《金色的鱼钩》一课时,教师可以结合课后习题、语文园地及综合实践等活动,引导学生关注情节与环境的变化,通过自读课文、自主批注、合作学习等方式深入感知人物形象和品质特点。教师还可以引入相关的视频媒体资料和文字资料等辅助教学资源,帮助学生更加全面地了解历史背景和人物形象。通过这样的教学方式,教师可以充分落实小说教学的语文要素,突显略读课文的学习方法,让学生在轻松愉悦的氛围中掌握知识和技能。

教师还可以通过整合不同课文之间的教学资源来丰富革命文化教学的内容。例如,在教授《黄继光》一课时,教师可以引入其他英雄人物的事迹进行拓展阅读和交流分享。通过比较不同英雄人物的事迹和品质特点,学生可以更加全面地理解这类作品和人物形象,拓展自己的知识领域和视野范围。这样的教学方式不仅提高了学生的阅读理解能力和口语表达能力,还让他们在交流中深刻体验到了革命文化的内涵和价值。

(四)聚焦语言,追求文意兼得——让革命文化教学更具语文味

小学语文教科书中有关革命文化内容的教学不仅要注重思想教育意义的培养,还要聚焦学生的语言表达能力的培养。在教学过程中,教师要追求文意兼得的教学效果,让学生在掌握知识和技能的同时得到思想的升华和情感的熏陶。

例如,在教授《一个粗瓷大碗》一课时,教师可以引导学生从博物馆的文物档案卡入手了解课文内容,并鼓励学生用简洁明了的语言说清楚围绕粗瓷大碗发生的故事。在品读关键词句的过程中,教师要注重引导学生感受语言的魅力和表达的艺术性,让学生在欣赏优美语言的同时深入理解课文内容。通过这样的教学方式,教师可以让学生在"学好语言、用好言语"的过程中了解故事内容、感受人物形象、品味语言魅力并得到思想的升华和情感的熏陶。这样的革命文化教学更具语文味和人文性特点。

二、合理利用好"阅读链接"

在小学语文革命文化课文的教学中,巧妙运用"阅读链接",如同在历史长河中点亮明灯,既能照亮学生理解革命精神的道路,又能在语言文字的海洋中泛舟前行,最终使其达到情感的共鸣与精神的升华。

(一)多维指向,领会"阅读链接"的深层价值

"阅读链接"如涓涓细流,滋养着革命文化课文这棵大树,它不仅深化了学生对历史的认知、丰富了语言表达的羽翼,更在情感与价值层面引导学生体悟先烈的崇高精神,是小学语文教学中不可或缺的瑰宝。

1. 指向内容补充,深化课文理解

革命文化课文,如同历史的碎片,镶嵌在小学语文的教材中,它们记载着那些为国家、为民族英勇斗争的英雄们的事迹。但对于小学生而言,这些课文往往只是一个个遥远而模糊的故事。此时,"阅读链接"便如同一把钥匙,打开了历史的大门,将那些尘封的记忆重新带回课堂。

以《狼牙山五壮士》为例,课文虽然生动描绘了五壮士的英勇抗战,但对于背后的历史背景、战争的残酷性以及五壮士为何选择坚守到最后一刻的原因,却并未深入阐述。而通过"阅读链接",教师可以为学生展示那个时代的照片、新闻报道、回忆录等,让学生看到抗日战争时期中国人民所遭受的苦难,以及五壮士为了民族大义所作出的巨大牺牲。这样,学生不仅能够更深刻地理解课文内容,还会对那段历史产生更为深厚的情感。

"阅读链接"还可以为学生提供更多的角度和视角来看待历史事件。比如,通过引入不同人对同一事件的不同描述和评价,学生可以学会辩证地看待问题,不再局限于课文中的单一叙述。多角度、全方位的学习方式,无疑会使学生的思维更加开阔,对历史的理解更加深入。

2. 指向语言表达,呼应语文要素

语文,不仅仅是文字的组合,更是情感的流露、思想的表达。革命文化课文中的每一句话、每一个字,都凝聚着作者的情感和心血。而"阅读链接"则为学生提供了一个学习和模仿这些优秀语言表达的机会。

以《七律·长征》为例,这是一首充满力量和豪情的诗歌。但如果学生仅仅停留在课文的学习上,他们可能很难体会到诗歌背后的韵律美和意境美。而通过"阅读链接",教师可以为学生引入其他描写长征的文字材料,如毛泽东的《忆秦娥·娄山关》、杨洪基的《长征组歌》等。这些作品不仅同样描绘了长征的艰辛和伟大，而且在语言表达上也有着各自独特的魅力。通过对比学习，学生可以感受到不同作者、不同文体对同一主题的不同表达方式，从而丰富自己的语言表达技巧。

"阅读链接"还可以为学生提供更多的语言素材和表达方式。比如，通过学习文章中的成语、典故、修辞手法等，学生可以积累更多的语言知识；通过模仿和运用这些语言表达方式，学生可以提升自己的写作能力和口语表达能力。以读促写、以写促读的学习方式，无疑会使学生的语文学习更加高效和有趣。

3. 指向情感融合，彰显价值引导

革命文化课文不仅仅是一篇篇课文，它们更是一种精神的传承、一种价值的追求。通过学习这些课文，学生可以感受到先烈们的英勇无畏、坚韧不拔和爱国情怀；而通过"阅读链接"，学生则可以更深入地理解这些精神内涵和价值追求。

以《我的战友邱少云》为例，课文虽然生动描绘了邱少云在烈火中坚守阵地、英勇牺牲的场景，但对于邱少云为何能够做出如此伟大的举动、他的内心世界又是怎样的等问题，却并未深入阐述。而通过"阅读链接"，教师可以为学生引入邱少云的生平事迹、成长经历以及他在战争中的其他英勇表现等资料。这些资料不仅可以让学生更全面地了解邱少云这个人物，还可以让学生更深刻地感受到他的爱国情怀和英雄精神。通过深入骨髓的情感融合和价值引导，无疑会使学生对革命文化产生更为深厚的认同感。

"阅读链接"还可以通过引入相关的历史事件、人物传记等，为学生提供更多情感共鸣和价值认同的机会。比如，通过学习那些为了民族独立和人民幸福而英勇斗争的英雄们的事迹，学生可以感受到他们的伟大和崇高；通过了解那些为了国家和人民的利益而无私奉献的人们的故事，学生可以体会到他们的无私和奉献。情感的共鸣和价值的认同，无疑会使学生的内心世界更加丰富和深邃。

（二）原则：适时、适度、适用

在利用"阅读链接"进行革命文化课文育人教学时，需要遵循适时、适度、适用的原则，以确保教学的高效性。

1. 适时原则：精准把握节奏，深化学生理解

适时引入"阅读链接"是革命文化课文教学中的一项重要策略。在教学过程中，教师需要像一位经验丰富的指挥家，精准把握教学节奏，让学生在情感的高峰之间穿梭，深化对课文内容的理解。

以《青山处处埋忠骨》为例，当教师讲述到革命烈士英勇牺牲的片段时，课堂气氛往往达到一个情感的高潮。此时，教师可以适时地引入相关的"阅读链接"，如描写同一时期其他战役中英雄事迹的材料。这些材料能够立刻将学生的情感推向一个新的高度。通过对比阅读，学生不仅能够更加全面地了解那个时代的革命精神，还能在情感的激荡中加深对课文内容的理解和感悟。

适时地引入还要求教师具备敏锐的教学感知能力。他们需要时刻关注学生的情感变化和课堂氛围的微妙转变，灵活调整"阅读链接"的引入时机。有时一个恰到好处的引入可以让学生茅塞顿开，对课文内容产生新的认识；而有时一个不合时宜的引入则可能打断学生的思路，影响教学效果。因此，教师需要在教学实践中不断磨炼自己的教学感知能力，确保每一次引入都能为学生的学习带来新的启示和动力。

适时原则的运用不仅体现了教师对教学节奏的精准把握，更展现了他们对学生认知规律的深刻理解。通过适时的引入，"阅读链接"成为连接学生与课文内容的桥梁，让学生在情感的共鸣中深化对革命文化的理解和感悟。

2. 适度原则：精挑细选材料，质重于量

在革命文化课文的教学中，利用"阅读链接"可以为学生提供更加丰富的学习资源。然而，如何选择和使用这些材料却是一门艺术。适度原则强调教师在使用"阅读链接"时要控制材料的数量和篇幅，确保这些材料既能够丰富教学内容，又不会喧宾夺主。

以《军神》为例，这篇课文讲述了一位革命军人在战斗中表现出的英勇无畏和坚定信念。为了帮助学生更好地理解课文中的人物形象和主题思想，教师可以适度引入一些与课文内容紧密相关的"阅读链接"。然而，在选择材料时，教师需要像一位挑剔的鉴赏家，精挑细选那些既具有代表性又能够深化学生理解的优质材料。这些材料不仅要能够生动地展现革命军人的英勇形象，还要能够揭示出他们内心的信念和力量源泉。

适度原则还要求教师在使用"阅读链接"时保持一定的节制。教师需要根据学生的实际情况和教学需求，合理安排材料的数量和篇幅，确保这些材料既能够为学生提供足够的信息量，又不会让他们感到压迫和困惑。在教学过程中，教师需要时刻关注学生的反馈和表现，灵活调整材料的使用方式和呈现形式，确保教学始终保持在最佳状态。

适度原则的运用不仅体现了教师对教学资源的精心挑选和合理配置，更展现了他们对教学规律的深刻理解和尊重。通过适度引入"阅读链接"，教师可以让学生在有限的课堂时间内充分领略革命文化的独特魅力，提升他们的文化素养和审美能力。

3. 适用原则：贴近学生实际，因材施教

在利用"阅读链接"进行革命文化课文教学时，适用原则强调材料的选择要符合教学内容和学生认知水平的需要。这一原则要求教师在选择"阅读链接"时，要充分考虑学生的实际情况和兴趣爱好，确保所选材料既能够激发学生的学习兴趣，又能够帮助他们深入理解课文内容。

以《清贫》为例，这篇课文描写了一位革命者在艰苦环境中坚守信念、保持清贫的故事。对于现代学生来说，这样的生活环境和价值观念可能比较陌生和难以理解。因此，在选择"阅读链接"时，教师需要寻找那些既能够体现革命精神、又与课文内容紧密相关的材料，同时还需要考虑学生的认知水平和兴趣爱好。例如，可以选择一些描写同类人物或相似环境的现代故事或新闻报道作为"阅读链接"，让学生通过对比阅读更好地理解课文中的主题思想和人物形象。

适用原则还要求教师在使用"阅读链接"时保持一定的灵活性和开放性。他们需要根据教学实际情况和学生的反馈随时调整和优化材料的选择和使用方式。例如，在教学过程中，教师可以根据学生的兴趣和需求适时引入一些拓展

性的"阅读链接",如相关的历史背景资料、人物传记或专家评论等。这些材料不仅可以为学生提供更加广阔的视野和深入的思考角度,还可以激发他们的探究欲望和创造力。

(三)策略:关注切入时机、用活表现形式、打破运用局限

在利用"阅读链接"进行革命文化课文育人教学时,需要采取有效的教学策略和方法,以确保教学的效果和质量。以下是一些具体的策略建议。

1. 关注切入时机:及时链接激发兴趣

切入时机对于"阅读链接"的使用效果至关重要。一个恰当的切入时机,不仅能够激发学生的学习兴趣,还能够使他们在情感的共鸣中深化对课文内容的理解。因此,教师在使用"阅读链接"时,需要像一位经验丰富的导演,精准把握教学节奏,选择在学生情感高涨、思维活跃的时机引入相关材料。

以《十六年前的回忆》为例,这篇课文通过回忆的方式,展现了李大钊同志坚贞不屈、视死如归的革命精神。在教学过程中,当学生对李大钊同志的英勇事迹产生敬佩之情、对革命精神有了初步感悟时,教师可以适时引入《董存瑞舍身炸暗堡》这一"阅读链接"。通过讲述董存瑞在解放战争中舍身炸毁敌人暗堡的英勇事迹,进一步激发学生对革命先烈的崇敬之情,使他们在情感的共鸣中更加深刻地理解到革命精神的伟大和可贵。这一"阅读链接"的引入,也为学生提供了一个从不同角度、不同层面感受革命精神的机会,有助于他们形成更加全面、立体的认识。

关注切入时机还要求教师在使用"阅读链接"时具有一定的灵活性和应变能力。因为课堂是动态变化的,学生的情感变化和思维发展往往难以完全预设。因此,教师需要时刻关注学生的反馈和表现,灵活调整"阅读链接"的引入时机和方式,以确保其能够最大限度地发挥作用。

2. 用活表现形式:具体情境具体分析

"阅读链接"材料是教学过程中极具价值的辅助资源,它们以文字、图片、视频等多种形式存在,每一种形式都有其独特的魅力和功能。如何在教学过程中将这些资源用活,使其更好地服务于教学目标和学生的学习需求,是每位教师需要深入思考的问题。

以《为人民服务》这篇课文为例，它主要阐述了为人民服务的核心理念和价值追求。然而，对于生活在和平年代、远离革命历史背景的学生来说，仅仅通过文字的叙述，可能难以深刻理解和感受这一理念的真谛。此时，教师可以巧妙利用"阅读链接"材料，通过多种表现形式，为学生构建一个更加真实、立体的学习情境。在教学过程中，教师可以首先利用图片或视频资料，展示周恩来总理与人民群众亲密互动的感人场景。这些直观、生动的画面，能够迅速将学生带回到那个特殊的历史时期，让他们感受到周总理与人民之间深厚的情感纽带。然后，教师可以适时引入《十里长街送总理》这一"阅读链接"材料，让学生通过阅读文字描述，更加深入地了解人民群众对周总理的深切怀念和无限敬仰。图文并茂、视听结合的表现形式，能够让学生在情感的熏陶中更加深刻地理解为人民服务的真正内涵和价值所在。

教师还可以进一步发挥创造力，将"阅读链接"材料与课文内容进行有机融合和对比分析。例如，可以将《金色的鱼钩》与《詹天佑》两篇课文中的英雄人物形象进行对比分析和解读，通过比较不同历史时期、不同领域的英雄事迹和精神风貌，引导学生感受他们身上共同体现出的爱国情怀和奉献精神。这样的教学设计，不仅能够激发学生的学习兴趣和探究欲望，还能够帮助他们更加全面、深入地理解课文内容和英雄人物的精神品质。

在使用"阅读链接"时，教师还可以根据不同的教学需求和学生特点，灵活运用多种方式进行呈现和讲解。例如，可以采用穿插式体悟法，将"阅读链接"材料穿插在课文讲解的过程中，让学生在理解课文内容的同时体悟其中蕴含的思想和情感；或者采用对比式思辨法，将不同观点、不同表现形式的"阅读链接"材料进行对比分析，引导学生展开思辨和讨论；还可以采用补充式开渠法，利用"阅读链接"材料对课文内容进行补充和拓展，开阔学生的视野和认知。

（1）补充式开渠法

《落花生》是一篇描写农村生活的课文，主要讲述了种花生、收花生和品花生的过程，以及由此引发的人生哲理。在教学过程中，教师可以利用《七子之歌》的节选作为"阅读链接"材料，对课文内容进行补充和拓展。

《七子之歌》节选抒发了作者对祖国领土完整的渴望，这与《落花生》中农民对土地的深情厚爱形成呼应。教师通过引导学生阅读这段材料，可以帮助学生理解到无论是城市还是农村，土地都是我们的根，都应该被珍惜和爱护。这样的补充材料不仅可以开阔学生的视野，还可以加深他们对课文内容的理解。

（2）对比式思辨法

《冀中的地道战》讲述了抗日战争时期，冀中人民利用地道战打击敌人的英勇事迹。在教学过程中，教师可以引入《和平宣言》的节选作为"阅读链接"材料，与课文内容进行对比分析。

教师可以引导学生思考：在战争时期，人们为了保卫家园和民族尊严，不得不进行艰苦的斗争；而在和平时期，我们应该如何珍惜和维护来之不易的和平？通过对比分析，学生可以更加深刻地理解战争与和平的意义，以及不同历史背景下人们的选择和担当。

（3）穿插式体悟法

《少年中国说》是一篇鼓励青少年奋发向上、报效祖国的文章。在教学过程中，教师可以穿插引入《七子之歌》的节选，让学生在理解课文内容的同时体悟其中蕴含的思想和情感。

《七子之歌》节选表达了对祖国领土完整的渴望和对祖国母亲的深情呼唤。通过让学生阅读这段材料，教师可以引导学生感受到作为青少年应该肩负的责任和使命，激发他们的爱国之情和报国之志。

3. 打破运用局限：聚合交叉螺旋链接

在教学过程中，对于"阅读链接"材料的运用，教师往往容易陷入一种局限，即仅仅将其作为课文内容的补充或延伸，而未能充分发挥其在教学中的价值和作用。为了打破这种局限，教师需要转变观念、创新方法，将"阅读链接"材料与课文内容、其他教学资源以及学生的课外阅读等进行有机整合和交叉链接，形成更加丰富多元、立体化的教学格局。

以《小英雄雨来》和《黄继光》两篇课文为例，这两篇课文都是描写革命英雄事迹的，具有很强的思想性和教育性。在教学过程中，教师可以将其与相关的历史事件、英雄人物事迹、文学作品等进行聚合交叉链接，供学生综合学习和感悟。例如，可以将《小英雄雨来》与抗日战争时期的历史背景、故事发生的地理位置、民俗风情等相关信息进行整合，让学生了解当时的社会环境和人民生活的艰辛；可以引入相关的文学作品，如《小兵张嘎》《鸡毛信》等，让学生感受不同英雄人物的成长历程和英勇事迹，从而加深对课文内容的理解和感悟。

对于《黄继光》这篇课文，教师可以将其与抗美援朝战争的历史背景、战争进程、英雄人物等相关信息进行聚合交叉链接。例如，可以引入抗美援朝战争的相关视频资料或图片资料，让学生感受战争的残酷和英雄的伟大；可以引入其他英雄人物的事迹或相关的文学作品，如《谁是最可爱的人》等，让学生从不同角度、不同层面感受英雄人物的精神风貌和爱国情怀。

除了与课文内容和其他教学资源的聚合交叉链接外，教师还可以将"阅读链接"材料与学生的课外阅读活动或社会实践活动等方式方法进行延伸拓展和深化提升。例如，在学习完《小英雄雨来》和《黄继光》两篇课文后，教师可以推荐学生阅读相关的文学作品，如《雷锋日记》《红岩》等，让学生更加深入地了解英雄人物的事迹和精神；可以组织学生开展以"英雄"为主题的社会实践活动，如参观革命历史纪念馆、采访老战士等，让学生亲身感受英雄的精神和力量。

对于阅读链接《祖国，我终于回来了》这篇文章，教师可以将其与《小英雄雨来》和《黄继光》两篇课文进行有机整合和交叉链接。例如，可以在讲解课文的过程中穿插引入这篇文章的内容，让学生感受不同历史时期、不同背景下人们对祖国的深厚情感和坚定信念；可以引导学生将这篇文章与课文内容进行对比分析，探讨不同英雄人物在面对困难和挑战时所展现出的共同精神品质和价值追求。

第四章

中华优秀传统文化传承育人

中华优秀传统文化，宛如一颗璀璨的明珠，镶嵌在中华民族五千多年文明的历史长河中。它承载着先人的智慧，孕育着民族的未来，成为我们薪火相传、生生不息的文化根基。在当今时代，将中华优秀传统文化融入小学语文学科教育，不仅是对文化遗产的传承与弘扬，更是对学生精神世界的滋养与启迪。小学语文，作为学生认识世界、表达自我、感悟人生的初始之窗，是中华优秀传统文化传承育人的重要载体。在字里行间，学生可以感受古人的思想深邃，感受诗词歌赋的艺术魅力，品味经典故事的智慧哲理。通过语文学习，学生在优秀传统文化的浸润中，涵养品行，启迪智慧，培育情感，提升审美，进而形成健全的人格与良好的人文素养。让我们携手共进，以小学语文课堂为阵地，将中华优秀传统文化的种子播撒在学生的心田，期待它生根发芽、开花结果，为培养德智体美劳全面发展的社会主义建设者和接班人贡献智慧和力量。

第一节　小学语文学科中中华优秀传统文化的育人意义

小学语文学科中融入中华优秀传统文化，如同春雨润物般滋养着学生的心灵，不仅培育了他们的文化自信与品德根基，更在智慧的启迪、审美情趣的熏陶、社会责任感的培养以及国际视野的开拓中，展现出深远而全面的育人意义。

一、文化自信的源泉

中华优秀传统文化，宛如一条历史的长河，流淌着中华民族数千年的智慧与情感。它是我们民族的根与魂，是我们之所以为"中国人"的文化基因。对于学生来说，中华优秀传统文化不仅仅是书本上的知识，更是他们文化自信的源泉。

小学语文学科，作为学生接触中华文化的第一扇窗口，承担着传承与弘扬中华优秀文化的重任。通过学习经典古诗文、历史故事等内容，语文学科帮助学生打开了一扇通向博大精深的中华文化的大门。

例如，当学生读到《三字经》中的"人之初，性本善；性相近，习相远"时，他们不仅学到了做人的基本道理，更感受到了中华文化的人文关怀和道德追求。这些经典诗文所蕴含的哲理和智慧，是学生成长路上的指路明灯，也是他们文化自信的坚实基石。

再比如，通过学习历史故事，如"岳母刺字""精忠报国"等，学生可以了解到中华民族在历史上的英勇与坚韧，以及对于国家、对于民族的深厚情感。这些历史故事不仅激发了学生的爱国热情，更让他们深刻认识到自己作为中华民族一分子的责任和使命。

在这样的学习过程中，学生逐渐认识到中华文化的独特魅力和价值所在，从而树立起坚定的文化自信。他们开始明白，自己不仅是中华优秀传统文化的传承者，更是弘扬者。这种文化自信，将成为他们未来成长道路上不可或缺的精神力量。

二、塑造良好品德

中华优秀传统文化中蕴含着丰富的德育资源，这些资源对于学生的品德塑造具有重要意义。小学语文学科通过挖掘这些德育元素，引导学生在学习过程中自觉践行社会主义核心价值观，成为品德高尚的人。

尊老爱幼是中华民族的传统美德之一。在小学语文教材中，有许多关于尊老爱幼的故事和诗文。例如，《游子吟》中描述了母亲对儿子的深深关爱和牵挂，"谁言寸草心，报得三春晖"的诗句更是让学生懂得了感恩和回报的重要性。通过学习这些诗文，学生可以更加深刻地理解尊老爱幼的内涵和意义，从而在日常生活中自觉践行这一美德。

诚实守信也是中华优秀传统文化中强调的重要品德之一。在小学语文教材中，《曾子杀猪》的故事就是一个典型的例子。曾子为了教育孩子要诚实守信，不惜杀掉家中唯一的猪来兑现对孩子的承诺。这个故事让学生明白了诚实守信的重要性以及言出必行的道理。通过学习这些故事，学生可以逐渐养成诚实守信的良好习惯，为未来的成长打下坚实的基础。

勤劳节俭是中华民族的传统美德之一，也是现代社会所倡导的重要价值观之一。在小学语文教材中，《悯农》等诗文以及关于勤俭节约的故事都体现了这一美德的重要性。通过学习这些内容，学生可以更加深刻地认识到勤劳节俭的意义和价值所在，从而在日常生活中做到勤俭节约、珍惜资源。

除了以上几个例子外，小学语文学科中还有许多其他德育元素等待我们去挖掘和利用。这些元素不仅可以帮助学生塑造良好的品德和行为习惯，更可以引导他们在成长过程中自觉践行社会主义核心价值观，成为品德高尚的人。

在实践中，我们可以通过多种方式将这些德育元素融入小学语文教学中。例如，可以通过课堂讲解、情境模拟、角色扮演等方式让学生更加深入地理解这些美德的内涵和意义；可以通过课外阅读、写作练习等方式引导学生将这些美德内化为自己的行为准则；还可以通过开展各种实践活动如志愿服务、社会调查等让学生在实践中践行这些美德并感受到其带来的快乐和成就感。

三、提升思维能力

中华优秀传统文化，如同一座智慧的宝库，蕴藏着古人对人生、社会、自然的深刻洞察和独到见解。小学语文学科作为引导学生初步探索这座宝库的重要途径，通过学习经典诗文、成语故事等内容，不仅能够滋养学生的心灵，更能够在无形中锻炼他们的思维能力，提升语言表达和写作能力，为日后的学习打下坚实的基础。

以经典诗文为例，小学语文教材中的古诗文往往语言简练、意象生动，每一句诗词都蕴含着诗人对世界的独特感悟和表达方式。如李白的《静夜思》中，"床前明月光，疑是地上霜。举头望明月，低头思故乡"这四句诗，既描绘了一幅月夜思乡的动人画面，又通过明月与故乡的意象联系，表达了诗人对故乡的深深眷恋。学生在学习这首诗的过程中，不仅需要理解诗句的表面意思，更要深入体会其中的情感和意境，这样的学习过程无疑是对他们思维能力的挑战和提升。

成语故事也是小学语文学科中提升学生思维能力的重要内容。成语是中华文化的瑰宝，每一个成语背后都蕴含着丰富的历史文化内涵和深刻的人生哲理。通过学习成语故事，学生不仅可以了解到古代社会的风俗习惯、历史文化背景，更能够从中汲取智慧，拓宽思维视野。例如"亡羊补牢"这个成语，它告诉我们在出现问题之后及时采取补救措施的重要性，学生在学习这个成语的过程中，不仅会记住它的意思和用法，更能够将其中的智慧应用到日常生活中去，从而提升解决问题的能力。

小学语文学科中的这些经典诗文和成语故事等内容，不仅为学生提供了丰富的语言材料和表达技巧，更在无形中锻炼了他们的思维能力。通过学习这些内容，学生可以逐渐学会用更加深刻、全面的方式思考问题，提升分析问题和解决问题的能力，从而为其他学科的学习打下坚实的基础。

四、培养审美情趣

美育是教育的重要组成部分，它旨在培养学生的审美情趣和艺术素养，使他们的生活更加丰富多彩。而中华优秀传统文化中的书法、绘画、音乐等艺术形式，正是实施美育的重要途径和载体。小学语文学科作为引导学生初步接触和理解这些艺术形式的重要学科，通过欣赏和创作这些艺术作品，可以在潜移默化中培养学生的审美情趣和艺术素养。

书法是中华文化的独特艺术瑰宝，它通过笔墨纸砚等简单工具，运用线条的变化和组合，创造出千变万化的艺术形象。在小学语文教学中，教师可以通过展示书法家的作品、讲解书法的基本知识和技巧等方式，引导学生感受书法的韵律美和形式美。还可以鼓励学生亲自动手尝试书写，体验笔墨在纸上的流转变化，从而在实践中培养对书法的兴趣和爱好。

绘画也是中华优秀传统文化中不可或缺的艺术形式之一。中国古代的绘画艺术以其独特的风格和气韵生动而著称于世。在小学语文教学中，教师可以通过展示古代绘画作品、讲解绘画的基本技法等方式，引导学生领略古代绘画的意境深远和色彩斑斓。还可以组织学生进行简单的绘画创作活动，让他们在亲手绘制的过程中感受艺术的魅力和乐趣。

除了书法和绘画之外，音乐也是中华优秀传统文化中极具美育价值的艺术形式。古代的诗词歌赋往往与音乐相伴相生，共同构成了一幅幅美妙的艺术画卷。在小学语文教学中，教师可以通过播放古代音乐作品、讲解古代音乐的历史背景和文化内涵等方式，引导学生感受古代音乐的韵律之美和意境之美。还可以鼓励学生学习一些简单的乐器演奏技巧，让他们在实践中体验音乐的魅力和表现力。

通过欣赏和创作这些艺术作品，学生可以逐渐培养出对美的敏感度和鉴赏力，提升艺术素养和审美情趣。这样的美育教育不仅能够丰富学生的内心世界，更能够提升他们的生活质量和幸福感。因此，在小学语文学科中加强中华优秀传统文化中的艺术教育内容，对于促进学生的全面发展和提高教育质量具有重要意义。

五、增强社会责任感

在当今社会，培养学生的社会责任感已成为教育的重要目标之一。而小学语文学科，作为传承中华优秀传统文化的重要载体，通过组织学生参与传统文化实践活动，不仅能够让他们亲身体验中华文化的魅力，更能够在实践中增强他们的社会责任感和实践能力。

传统节日庆祝是小学语文学科中常见的传统文化实践活动之一。春节、中秋节、端午节等传统节日，都蕴含着丰富的文化内涵和历史背景。通过组织学生参与节日庆祝活动，如制作节日食品、表演节日节目、走访亲友等，可以让他们更加深入地了解传统节日的习俗和意义，从而增强对传统文化的认同感和归属感。在节日庆祝的过程中，学生还能够学会与他人合作、分享快乐，培养团队精神和人际交往能力。这些实践经验，无疑会对他们未来的社会生活和职业发展产生积极的影响。

除了传统节日庆祝外，非物质文化遗产保护也是小学语文学科中重要的传统文化实践活动之一。非物质文化遗产是中华文化的重要组成部分，它包括了各种传统技艺、表演艺术、民俗活动等。通过组织学生参观非物质文化遗产展览、学习传统技艺、参与民俗活动表演等，可以让他们更加直观地感受到非物质文化遗产的独特魅力和价值所在。学生在实践中还能够了解到非物质文化遗产保护的紧迫性和重要性，从而增强保护传统文化的责任感和使命感。责任感和使命感，将激励他们在未来的生活中更加积极地传承和弘扬中华优秀传统文化。

小学语文学科还可以通过组织其他形式的传统文化实践活动来增强学生的社会责任感。例如，可以组织学生参与社区的文化建设活动，如绘制文化墙、举办文化讲座等；还可以引导他们关注社会问题，通过写作、演讲等方式表达自己的观点和看法。这些实践活动不仅能够锻炼学生的实践能力和社会参与意识，

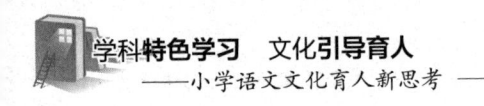

更能够让他们在实践中深刻体会到自己作为社会成员的责任和使命。

六、促进国际文化交流

在全球化日益深入的今天，跨文化交流已成为不可避免的趋势。小学语文学科中的中华优秀传统文化教育，不仅对于培养学生的民族文化自信具有重要意义，更在促进国际文化交流方面发挥着独特的作用。

通过学习中华文化，学生可以更加全面地了解中国的历史、文化和社会现状，提升他们的民族自豪感和文化认同感，更能够让他们在国际舞台上自信地展示中华文化的独特魅力。例如，当学生在国际学校或国际活动中介绍中国的传统节日、书法、绘画等艺术形式时，他们无疑会成为传播中华文化的使者，让世界更加了解中国。

小学语文学科中的中华优秀传统文化教育也为学生提供了理解其他国家和民族文化的视角和工具。通过学习中华文化中的包容性、和谐性等思想理念，学生可以更加容易地理解和尊重其他国家和民族的文化传统和价值观。跨文化理解的能力，将有助于他们在国际交流中避免误解和冲突，促进不同文化之间的和谐共处。

小学语文学科还可以通过组织国际文化交流活动，直接促进学生之间的跨文化交流。例如，可以组织中外学生共同参与的文化节、艺术展览、文艺演出等活动，让学生在亲身体验中感受不同文化的魅力和差异。这些活动不仅能够拓宽学生的视野，增强他们的跨文化交流能力，更能够在他们心中播下友谊的种子，为未来的国际合作和交流奠定坚实的基础。

小学语文学科中的中华优秀传统文化教育还可以通过现代科技手段来拓展国际交流的渠道和方式。例如，可以利用互联网、社交媒体等平台来展示和传播中华文化，吸引更多国际友人的关注和参与。也可以借助这些平台来开展线上文化交流活动，让学生足不出户就能够与世界各地的小伙伴进行互动和学习。

第二节　中华优秀传统文化传承育人的特点与原则

中华优秀传统文化传承育人在小学语文教学中，以历史与现实交融、多元包容与创新并进、生活体验与知行合一为特点，通过系统性、循序渐进、趣味性与创新性的教学原则，让学生在文化的熏陶中感悟传统之魅力，于实践中培育文化之根脉，从而绘就一幅生动活泼、意蕴深远的文化传承画卷。

一、中华优秀传统文化传承育人特点

在悠久的历史长河中，中华传统文化如璀璨明珠，闪耀着智慧与韵味。小学语文教学是文化传承的起点，它肩负着培育新时代少年的重任。在这里，历史与现实交织，让学生在古今对话中感悟文化的厚重；多元与包容并蓄，让学生在广阔天地中领略文化的博大；传统与创新融合，让学生在继承中书写文化的新篇；生活实践与体验结合，让学生在亲身实践中品味文化的魅力；知与行相辅相成，让学生在行动中践行文化的真谛；熏陶与渗透相辅相成，让学生在潜移默化中接受文化的洗礼。让我们携手走进这充满智慧与韵味的小学语文课堂，共同开启一段探寻传统文化精髓的奇妙之旅。

（一）注重历史与现实的结合

小学语文教学在传承中华优秀传统文化时，要始终注重历史与现实的紧密结合，这种结合不仅体现在课堂知识的传授上，更贯穿于各种教学活动之中。

在课堂上，教师通过讲解古代诗词、故事、节日习俗等，让学生了解传统文化的历史背景和深刻内涵。例如，在讲解《静夜思》这首古诗时，教师不仅介绍诗歌的韵律和意境，还引导学生思考诗人在何种情境下创作了这首诗，以及这首诗对现代人有哪些启示。通过这样的教学，学生不仅能够背诵古诗，更能理解其背后的历史文化和人文精神。

教师还可以积极引导学生将传统文化知识与现实生活相联系。例如，在春节期间，教师可以组织学生了解春节的习俗和历史渊源，并引导他们思考如何在现代社会中传承和弘扬这些传统文化。教师还可以结合社会热点和时事新闻，引导学生运用传统文化知识对其进行分析和讨论。比如，针对当前社会上一些道德失范的现象，教师可以引导学生运用传统文化中的道德观念进行思考和讨论，提高他们的思辨能力和文化素养。

为了实现历史与现实的结合，小学语文教学还可以积极引入现代教学手段。例如，教师可以利用多媒体教学课件展示传统文化的历史背景和现实意义；还可以利用网络教学资源，让学生在线了解各种传统文化知识。这些现代教学手段的运用，不仅增强了学生的学习兴趣和参与度，还让他们更加直观地感受到传统文化的魅力和价值。

（二）强调文化的多元性与包容性

中华传统文化具有多元性和包容性的特点，小学语文教学在传承传统文化时也应注重展现这些特点。为了让学生更好地理解和尊重文化的多元性，教师可以设计丰富多彩的教学活动。

例如，教师可以组织一次"民族文化日"活动，邀请不同民族的学生和家长来校分享他们的民族文化。活动中，学生可以欣赏到各种民族歌舞表演、手工艺品展示和特色美食品尝等。通过这样的活动，学生不仅能够了解不同民族的文化特色和风土人情，还能感受到中华传统文化的博大精深和多元一体。

教师还可以利用语文教材中的多元文化元素进行教学。例如，在讲解《草原》这篇课文时，教师可以引导学生了解蒙古族的文化习俗和生活方式；在讲解《难忘的泼水节》时，教师可以向学生介绍傣族的泼水节习俗和文化内涵。通过这样的教学，学生能够更加全面地认识中华传统文化的多元性和包容性。

教师还应鼓励学生以开放、包容的心态面对不同文化。在课堂上，教师可以组织学生进行文化交流活动，如小组讨论、角色扮演等，让他们了解不同文化的内涵和特点。教师还应引导学生学会尊重和理解不同文化背景下的人们的行为和思想方式，培养他们的文化包容心和国际视野。

（三）注重传统与创新的融合

小学语文教学在传承中华优秀传统文化时，既要注重传统的继承又要强调创新的融合，具体融合不仅体现在教学内容的选择上，更贯穿于教学方法和手段的运用之中。

在教学内容的选择上，教师应精选传统文化中的经典内容进行教学。例如，古诗词、成语故事、历史典故等都是传统文化中的瑰宝。通过引导学生学习这些内容，他们能够了解传统文化的精髓和内涵。同时教师还应鼓励学生发挥想象力和创造力，在传承中融入现代元素实现传统与创新的有机结合。

在教学方法和手段的运用上，教师应积极引入现代教育理念和技术手段进行教学。例如，教师可以利用多媒体课件和网络资源等现代教学手段展示传统文化的表现形式和内涵；还可以组织学生进行创新性实践活动，如创作现代诗词、设计传统文化主题的手抄报等。这些活动不仅能够激发学生的学习兴趣和参与度，还能让他们在实践中体验传统文化的魅力并发挥自己的创造力。

教师可以设计一节以"古诗新唱"为主题的创新课程。在这节课中，教师可以引导学生选择自己喜欢的古诗词进行改编和演唱。学生可以根据自己的理解和想象为古诗词配上现代音乐的旋律和节奏，创作出富有现代气息的古诗词歌曲。这样的活动，不仅能够让学生更加深入地理解古诗词的意境和情感，还能培养他们的音乐素养和创新能力，让传统文化焕发出新的生机和活力。

（四）突出生活性与体验性

小学语文教学中，中华优秀传统文化的传承不是仅仅停留在纸面上的文字和图画，而是通过生动、真实的生活实践，让学生深入体验、感悟。教师可以精心组织各类与传统文化紧密相关的实践活动，使学生在参与中收获知识与快乐。

以春节为例，这是中国最为重要和热闹的节日。教师可以组织学生围绕春节展开一系列活动，如制作春节主题的手抄报、写春联、剪窗花等。这些活动不仅锻炼了学生的动手能力和创新思维,更让他们在实践中深入了解春节的习俗和文化内涵。当学生们在课堂上展示自己的作品,分享制作过程中的心得体会时,他们对传统文化的热爱和敬意油然而生。

教师还可以结合课文内容,设计富有生活性和体验性的教学活动。比如,在学习《一幅名扬中外的画》这篇课文时,教师可以组织学生模拟古代市集的场景,让学生扮演各种角色,如摊贩、顾客、表演者等。通过这样的角色扮演活动,学生不仅能够对古代市集的繁荣景象有更直观的认识,还能在亲身体验中感受到古代人民的生活方式和文化气息。

为了进一步加强生活性与体验性的教学,教师还可以利用课余时间组织学生进行实地考察和探访活动。比如,带领学生参观历史博物馆、传统手工艺品制作工坊等地方,让学生亲眼见证传统文化的魅力和价值。这样的实地教学不仅能够增强学生的感官体验,还能激发他们的学习兴趣和探究欲望。

通过这些生活性和体验性的教学活动,小学语文教学成功地将传统文化与学生的日常生活紧密相连。学生在亲身参与和体验中,不仅能够深入理解传统文化的内涵和特点,还能在日常生活中自觉地传承和弘扬这些宝贵的精神财富。

(五)注重知行合一

"知行合一"是中国古代重要的哲学思想,也是小学语文教学在传承中华优秀传统文化时应遵循的重要原则。这一原则强调,学生不仅要学习传统文化知识,更要将所学知识付诸实践,实现知识与行为的统一。

例如,在学习《弟子规》等经典文献时,教师不仅要引导学生理解文献中的道德规范和行为准则,更要通过具体的实践活动,如"礼仪之星"评选、班级"文明行为"观察等,让学生在日常生活中践行这些规范。这样的实践活动能够让学生将所学知识与实际行动相结合,真正做到知行合一。

另外,教师还可以结合社会热点和时事新闻,设计富有现实性和针对性的实践活动。比如,针对当前社会上存在的道德失范现象,教师可以组织学生进行"道德小卫士"活动,引导学生在校园内外发现并纠正不文明行为。这样的活动不仅能够增强学生的社会责任感,还能让他们在实践中深化对传统文化的理解。

为了进一步加强知行合一的教学原则，教师还可以与家长密切配合，共同引导学生形成良好的行为习惯和道德品质。教师可以向家长推荐适合家庭教育的传统文化资源，如经典诵读材料、道德故事等，并鼓励家长与孩子一起进行学习和实践。通过这样的家庭教育延伸活动，学生能够在家庭和社会中持续践行所学知识，实现真正意义上的知行合一。

（六）强调熏陶渗透

小学语文教学在传承中华优秀传统文化时，特别注重熏陶渗透的教学方法，强调通过营造良好的校园文化氛围和班级文化氛围，让学生在潜移默化中感受传统文化的魅力，进而自觉地传承和弘扬这些宝贵的文化遗产。

为了实现熏陶渗透的教学目标，教师可以从多个方面入手。首先，利用校园广播、宣传栏等媒介，定期播放或张贴与传统文化相关的内容，如经典诗词、历史故事、名人名言等。这些内容能够让学生在校园生活中随时随地感受到传统文化的存在和影响。其次，教师可以结合课文内容，引入相关的传统文化知识进行拓展延伸。例如，在学习古诗时，教师可以向学生介绍诗人的生平事迹、创作背景以及诗歌的艺术特色等，让学生在欣赏诗歌的同时更深入地了解传统文化的内涵和价值。

除了校园文化和课堂教学外，教师还可以通过组织各种传统文化活动来加强熏陶渗透的效果。例如，举办传统文化知识竞赛、书法比赛、诗歌朗诵会等，这些活动能够让学生在亲身参与中感受传统文化的魅力和价值。教师还可以鼓励学生利用课余时间自主阅读经典文学作品或观看与传统文化相关的影视作品等，以拓宽学生的视野和知识面。

熏陶渗透的教学方法不仅能够让学生在校园生活中感受到传统文化的氛围和魅力，更能使他们在潜移默化中接受传统文化的滋养和熏陶。传统文化潜移默化的影响是深远而持久的，它能够帮助学生形成正确的价值观、人生观和世界观，增强学生的民族自豪感和文化自信心，为他们的全面发展奠定坚实的基础。

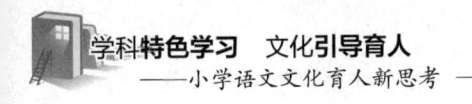

二、小学语文教学传承中华优秀传统文化的原则

小学语文教学传承传统文化时，应如春风化雨般润物无声，既系统性地撒播文化种子，又循序渐进地培育文化根基，更以趣味性的教学润色其间，最终通过创新性的理念让传统文化之花在学生心中绽放出新时代的华彩。

（一）系统性原则

中华传统文化源远流长，博大精深，涵盖了诗词歌赋、书画艺术、哲学思想、道德规范、节日习俗等多个方面。这些文化元素相互关联，共同构成了中华文化的独特体系。因此，小学语文教学在传承传统文化时，必须坚持系统性原则，从整体上把握传统文化的内涵和特点。

为了实现系统性教学，教师需要全面了解和掌握传统文化知识，制订科学的教学计划，确保教学内容的全面性和连贯性。例如，在教授古诗词时，教师不仅要讲解诗词的文本意义，还要介绍相关的历史背景、作者生平、诗词风格等知识，帮助学生全面理解诗词的文化内涵和艺术价值。教师还可以将诗词教学与书法、绘画等艺术形式相结合，让学生在欣赏和创作中感受传统文化的魅力。

系统性原则还要求教师在教学过程中注重知识的整合和拓展。例如，在介绍传统节日时，教师可以将节日的起源、习俗等内容有机结合起来，形成一个完整的知识体系。教师还可以引导学生通过课外阅读、实践活动等方式拓展相关知识，加深对传统文化的理解和认识。

（二）循序渐进原则

小学生的认知能力和理解能力有限，因此，小学语文教学在传承传统文化时必须遵循循序渐进的原则。这意味着教学内容的安排应由浅入深、由易到难，逐步引导学生理解和掌握传统文化知识。

在低年级阶段，教师可以通过生动有趣的故事、图画等形式引入传统文化元素，让学生在轻松愉快的氛围中了解传统文化的基本概念和特点。例如，通过讲述《盘古开天地》《女娲补天》等神话故事，引导学生了解中华民族的起源和早期文化。

随着年级的升高，教师可以逐渐增加教学的难度和深度。在中高年级阶段，教师可以通过经典诵读、历史文化学习等方式，引导学生深入了解传统文化的内涵和价值。例如，通过学习《论语》《孟子》等经典文献，让学生领略儒家思想的智慧和精髓；通过学习《史记》《资治通鉴》等历史著作，让学生了解中华民族的历史变迁和文化发展。

循序渐进原则还要求教师在教学过程中关注学生的个体差异和学习进度。对于基础较差的学生，教师应给予更多的辅导，帮助他们逐步掌握基础知识；对于基础较好的学生，教师可以适当提高教学难度，引导他们进行更深入地学习和思考。

（三）趣味性原则

小学生天性活泼好动，对新鲜事物充满好奇。因此，小学语文教学在传承传统文化时，应注重趣味性原则，通过生动有趣的教学方式激发学生的学习兴趣和积极性。

为了实现趣味性教学，教师可以采用多种教学方法和手段。教师可以利用多媒体技术制作精美的课件和动画视频，将传统文化知识以图文并茂、声像并茂的形式呈现出来。这样的教学方式不仅能够吸引学生的注意力，还能帮助他们更直观地理解传统文化知识。

教师可以设计富有趣味性的互动游戏和实践活动。例如，在介绍传统节日时，教师可以组织学生制作节日食品、表演节日习俗等活动；在学习古诗词时，教师可以引导学生进行诗词朗诵比赛、诗词创作等活动。这些活动不仅能够让学生在亲身参与中感受传统文化的魅力，还能培养他们的实践能力和创新精神。

教师还可以结合学生的兴趣爱好和年龄特点，选择适合他们的传统文化内容进行教学。例如，对于喜欢音乐的学生，教师可以引入传统音乐元素，让他们在学习和欣赏中感受传统文化的韵律美；对于喜欢绘画的学生，教师可以引导他们学习国画、书法等艺术形式，让他们在创作中领略传统文化的意境美。

（四）创新性原则

时代在发展，社会在进步。小学语文教学在传承传统文化时，必须注重创新性原则,结合时代特点和学生需求,创新教学方式和内容,让传统文化焕发新的生机和活力。

创新性原则要求教师在教学理念上进行创新。教师应摒弃传统的灌输式教学观念,树立以学生为主体的教学理念,尊重学生的个性差异和创造性思维。在教学过程中,教师应鼓励学生发表自己的见解和想法,引导他们进行独立思考和合作探究。

创新性原则要求教师在教学内容上进行创新。除了传统的诗词歌赋、书画艺术等文化元素外,教师还可以引入现代科技手段对传统文化进行创新性解读和展示。例如,利用虚拟现实技术重现历史场景、制作互动式电子教材等。这些创新性的教学内容不仅能够激发学生的学习兴趣和好奇心,还能帮助他们更深入地理解传统文化的内涵和价值。

创新性原则要求教师在教学方式上进行创新。教师可以尝试采用项目式学习、情境教学等新型教学方式,让学生在实践活动中自主学习、合作探究。例如,在学习传统节日时,教师可以组织学生进行"节日文化研究"项目,引导他们通过查阅资料、实地考察等方式深入了解节日的起源、习俗和文化内涵;在学习古诗词时,教师可以创设古诗词意境的情境教学环境,让学生在身临其境中感受诗词的美感和韵味。

第三节　中华优秀传统文化传承育人的策略

在传统文化的浸润下，小学语文课堂如同一片沃土，孕育着学生对中华文明的热爱与敬仰。通过深入挖掘课本中的文化元素，融合丰富的教学资源，优化授课方法并建立情境课堂，以及积极开展课外阅读并推荐传统文化书籍，教师引领学生们在知识的海洋中遨游，感受传统文化的独特魅力，品味其中的智慧与力量。在这样的教育熏陶下，学生如同沐浴在春风里的小树苗，茁壮成长，枝繁叶茂，成为传承与弘扬中华优秀传统文化的坚实力量。

一、围绕课本内容，融合传统文化

在中国的小学教育中，语文课不仅是语言的学习场所，更是文化的传承殿堂。而小学语文课本，则是这一文化传承的重要媒介。其中，每一篇文章、每一首诗，甚至每一个词汇，都蕴藏着深厚的文化底蕴和历史积淀。作为教师，如何深入挖掘这些元素，将传统文化与教学内容有机地融合在一起，使学生在学习过程中感受到传统文化的熏陶，是一项重要的任务。

以《中国美食》这一课为例，教师可以通过多种方式，将美食文化与课本知识相结合，带领学生进行一次深度的文化探索。首先，教师可以利用多媒体设备，展示全国各地的美食图片和视频。画面中，四川的麻辣火锅、广东的精美点心、北京的烤鸭等一道道美食呈现在学生面前。通过这样的视觉盛宴，学生不仅可以欣赏到中国美食的丰富多彩，更能感受到其背后所蕴藏的深厚文化。

接下来，教师可以结合课本内容，详细介绍中国美食的历史渊源、烹饪技艺和文化内涵。例如，讲述满汉全席背后的历史故事，介绍其严格的菜品组合和独特的烹饪技艺；分析各地美食的口味特点，如川菜的麻辣、粤菜的清淡等，以及这些口味背后所反映的地域文化和风土人情。

在此过程中，教师还可以穿插讲述一些与美食相关的传统文化知识。如介绍八大菜系的起源和发展历程，让学生了解到不同地域的饮食文化是如何在历史长河中逐渐形成并传承至今的；讲述各地特色小吃的制作技艺和传说故事，如天津的狗不理包子、南京的盐水鸭等，让学生在品尝美食的同时也能感受到其背后所蕴藏的民间智慧和文化底蕴。

教师还可以鼓励学生分享自己家乡的美食和饮食习俗。课堂上，同学们可以围绕着自己家乡的特色美食展开讨论和交流。通过这样的互动环节，学生不仅能够更加深入地了解到不同地域的饮食文化差异，还能在分享中感受到家乡的独特魅力和自豪感。

通过这样的教学方式，教师不仅激发了学生对美食的兴趣和热爱，还引导他们从美食中品味到了传统文化的韵味和内涵。学生在享受美食的同时也传承了我们的传统文化。而这样的文化传承，正是小学语文教育的重要使命之一。

二、丰富教学资源，展示传统文化

在传统的小学语文教育中，教师往往只依赖课本和教辅资料进行教学。然而，这种单一的教学方式很难满足学生对传统文化的学习需求。为了丰富教学内容和展示传统文化，教师需要积极寻找和开发各种教学资源，如历史文献、民间故事、传统艺术等。这些资源不仅可以为学生提供更加生动、形象的学习材料，还能帮助他们更好地理解和感受传统文化的魅力。

以教授《九月九日忆山东兄弟》这首诗为例，教师可以结合重阳节的历史背景和传统习俗进行讲解。课堂上，教师可以通过展示古代文献中关于重阳节的记载和描绘，让学生了解这个传统节日的起源和历史演变。教师还可以讲述一些与重阳节相关的民间故事和习俗，如桓景斩妖除魔、赏菊、插茱萸等，让学生在听故事中感受到传统节日的文化底蕴。

为了让学生更加直观地感受到重阳节的传统氛围和文化魅力，教师还可以借助多媒体设备播放一些关于重阳节的音乐或舞蹈视频。如《九月九的酒》等经典歌曲和民间舞蹈表演等。这些音视频资源不仅可以营造出浓厚的节日氛围，还能让学生在欣赏中感受到传统文化的魅力。

除了利用历史文献和民间故事等教学资源外，教师还可以组织学生开展一些与传统文化相关的实践活动。例如，教师可以指导学生制作与重阳节相关的手工艺品或食品，如剪纸、灯笼、重阳糕等。在制作过程中，教师可以向学生介绍这些手工艺品或食品的历史渊源和文化内涵，并引导他们思考这些传统文化元素在现代社会中的价值和意义。通过这样的实践活动，学生不仅可以在亲身参与中感受到传统文化的独特魅力和价值所在，还能在动手实践中提升自己的动手能力和创新精神。

教师还可以利用学校或社区的资源，组织一些与重阳节相关的社会实践活动。如参观当地的敬老院、为老年人表演节目、开展尊老敬老主题教育等。通过这些活动，学生可以更加深入地了解重阳节的敬老文化和社会意义，并在实践中体验到尊老敬老的传统美德。

通过这样的教学方式，教师不仅可以激发学生的学习兴趣和积极性，还可以让他们在亲身实践中感受到传统文化的独特魅力和价值所在。通过不断积累相关的传统文化知识，学生也可以丰富自己的精神世界，提升语文素养和综合素质。最终，在教师的引导下学生将更加珍视我们的传统文化，成为具有民族自豪感和文化自信的新时代青年。

三、优化授课方法，建立情境课堂

传统文化，作为中华民族几千年文明积淀的精华，其内涵之丰富、形式之多样，为我们的小学语文教学提供了宝贵的资源。然而，如何将这些文化资源有效地融入课堂，使学生在学习的过程中真正感受到传统文化的魅力，并从中汲取智慧和力量，一直是小学语文教师探索的重要课题。特别是对于高年级的小学生来说，他们的思辨能力逐渐增强，对知识的渴望也更为强烈。因此，教师需要不断优化授课方法，建立情境课堂，以激发学生的学习兴趣和探究欲望。

以《北京的春节》这一课为例，教师可以通过精心设计的授课内容，将课文内容与传统文化紧密结合，让学生在学习的过程中感受到传统文化的独特魅力。首先，教师可以通过播放一段大年三十一家人围坐在一起吃年夜饭的视频，营造出一种温馨、祥和的节日氛围。这样的情境设置能够迅速将学生带入课文所描绘的场景中，从而激发他们的学习热情。

接着，教师可以引导学生发挥自己的思辨能力，积极讨论自己家乡过春节的特色和有趣的故事。在这个过程中，学生们不仅能够分享自己的经历和感受，还能在交流中了解到不同地区的春节习俗和文化差异。这样的讨论不仅能够活跃课堂气氛，还能让学生在轻松愉快的氛围中感受到传统文化的多样性和趣味性。

当学生的学习热情被充分激发后，教师就可以顺势引入对中华民风民俗的讲解。通过介绍不同地区的春节习俗、传统美食、民间传说等，教师可以帮助学生更加全面地了解我们的传统文化。教师还可以引导学生对比不同地区的春节习俗，探究其中的文化内涵和历史渊源。这样的探究过程不仅能够提升学生的思辨能力和文化素养，还能让他们在对比中更加深刻地感受到传统文化的独特魅力。

在活跃的课堂氛围中，学生们不仅能够和教师一起感受老舍笔下北京春节的年味，还能在认真阅读课文的过程中学会文章的写作顺序以及详略得当的描写方法。这样的教学方式不仅能够帮助学生更好地理解课文内容，还能让他们在阅读的过程中不断提升自己的语文素养和综合能力。

教师还可以通过布置一些与传统文化相关的课后作业，如制作春节手抄报、写作春节习俗小作文等，来进一步巩固和拓展学生在课堂上所学的知识。这样的作业设计能够帮助学生将所学知识应用到实际生活中，从而让他们更加深入地感受到传统文化的魅力和价值。

四、开展课外阅读，推荐传统文化书籍

语文学科的趣味性与多样性，使得它在传承和弘扬传统文化方面具有得天独厚的优势。对于小学生来说，正处于思辨意识的活跃阶段，他们对世界充满

好奇和探究的欲望。因此，教师需要积极开展课外阅读活动，并为学生推荐与传统文化内容相关的课外书籍。

课外阅读活动不仅能让学生开阔视野、增长知识，还能让他们在阅读的过程中感受到优秀传统文化的丰厚底蕴。通过阅读传统文化书籍，学生可以了解到中华民族悠久的历史和灿烂的文化遗产，从而增强文化自信心和民族自豪感。课外阅读还能培养学生的思辨能力和审美情趣，使他们在品味文字的过程中不断提升自己的语文素养和综合能力。

为了使学生能够更好地感受到传统文化的魅力，教师可以为学生推荐一系列与传统文化相关的课外书籍。如《瑰丽国宝》可以让学生领略到中华文物的精美绝伦和独特魅力；《古典文学大观》则带领学生走进古典文学的殿堂，感受古代文学家的才情与智慧；《古文观止》则是一本古代散文的精华选集，可以让学生领略到古代散文的韵味。《中国名将》《上下五千年》等书籍也是不错的选择，它们分别从不同的角度展示了中国传统文化的丰富内涵和独特魅力。

教师还需要每周抽出两节课的时间，鼓励学生相互交流阅读感受和对传统文化丰富内容的理解。这样的交流活动不仅可以激发学生的阅读热情，还能让他们在分享的过程中加深对传统文化的理解和认识。通过相互交流和讨论，学生可以不断开阔自己的视野和思维，从而更加全面地了解和掌握传统文化知识。

课外阅读活动的开展可以使传统文化与语文课堂更加紧密地融合在一起，也为学生提供了更好学习优秀文化知识的途径。在这样的阅读活动中，学生能够逐渐增加自己的知识储备并提升文化自信心。他们也能在阅读的过程中意识到文化传承的重要性，从而自觉规范自己的行为意识并成为优秀文化的践行者。

第四节　中华优秀传统文化传承育人的路径

依托古文鉴赏、成语故事、群文阅读，以及汉字与传统节日的深刻解说，我们让学生在小学语文的课堂上穿越时空，与古人对话，感悟千年文化的厚重与韵味。每一个汉字都如璀璨的星辰，每一篇古文都似历史的波澜，每一个节日都承载着民族的记忆与期盼。在这样的教学中，不仅让学生学到了知识，更在他们的心灵深处播撒下对中华优秀传统文化的热爱与尊崇，让文化的根脉在他们心中生根发芽，茁壮成长。

一、依托古诗文鉴赏，深入传承传统文化

在小学语文高年级教材中，古诗词、文言文等经典是不可或缺的部分，它们如同历史长河中的璀璨明珠，闪烁着中华民族深厚传统文化的光芒。这些经典古诗文不仅仅是语言艺术的典范，更是传统文化的重要载体，蕴含着丰富的历史知识、人生哲理、审美观念和价值取向。因此，在小学语文课堂教学中，教师需要通过精心设计的鉴赏活动，引导学生深入挖掘古诗文中的文化内涵，感受传统文化的独特魅力。

例如，在引导学生学习王安石的《元日》这首古诗时，教师可以从多个维度入手，实现传统文化的有效渗透。首先，教师可以通过解读诗题，激发学生对传统节日的兴趣。教师解释"元日"的含义，并简要介绍春节的历史渊源和习俗，让学生感受到春节在中华民族传统文化中的重要地位。接着，教师可以引导学生朗读古诗，借助教材中的注释和自身的语言积累，理解诗句的意思，描述诗中描绘的春节景象。在这一过程中，学生可以了解到古代人过春节的方

式和习俗，如燃放鞭炮、贴春联、喝屠苏酒等，这些习俗至今仍在很多地方保留并传承着。

为了进一步加深学生对传统文化的理解和记忆，教师还可以利用多媒体教学手段，展示与春节相关的图片、视频或音乐，让学生在视听享受中感受春节的喜庆和热闹。教师还可以引导学生进行联想，想象自己置身于诗中的场景中，体会古代人过春节的欢乐和期盼。通过这样的教学设计，学生不仅能够欣赏古诗的语言美和意境美，还能够在潜移默化中接受传统文化的熏陶。

在鉴赏过程中，教师还可以鼓励学生发表自己的观点和感受，与同学进行交流和讨论。这样的互动不仅能够锻炼学生的语言表达能力和思维逻辑能力，还能够让他们在思想碰撞中感受到传统文化的多样性和包容性。

二、借助成语故事，感悟传统文化哲理

成语是中华民族传统文化宝库中的璀璨明珠，它们以简洁的语言形式传达着深刻的思想内涵和丰富的人生哲理。在小学语文教材中，许多课文都是以成语故事的形式呈现的，这为教师进行传统文化教育提供了宝贵的资源。在教学过程中，教师需要抓住这些机会，引导学生通过阅读、讨论和表演等方式深入理解成语故事中蕴含的哲理和思想内涵。

例如，在教授《守株待兔》这则成语故事时，教师可以首先引导学生进行课文阅读，了解故事的基本情节和主要人物。接着，教师可以播放与故事内容相对应的动画片或图片资源，让学生在直观感受中加深对故事情节的理解。在这一基础上，教师可以引导学生进行角色扮演活动，让学生分别扮演农夫、兔子等角色进行表演。这样的教学方式不仅能够激发学生的学习兴趣和积极性，还能够帮助他们更好地理解故事的主题思想。

在表演过程中，教师可以引导学生思考以下问题："农夫为什么要守在树桩旁等待兔子？""他最后等到兔子了吗？为什么？""从这个故事中你得到了什么启示？"通过问题的引导和学生的思考交流，教师可以帮助学生总结出这则成语故事所蕴含的哲理：不能因为一次偶然的收获而放弃努力追求的目标，只有脚踏实地、辛勤耕耘才能获得真正的成功。

除了课堂教学之外，教师还可以鼓励学生在日常生活中多关注成语的运用。例如，在阅读课外书籍时留意其中出现的成语并进行积累；在观看电视节目时关注主持人或嘉宾使用的成语并理解其含义；在与同学交流时使用成语来表达自己的观点；等等。这样的延伸拓展不仅能够丰富学生的语言积累，还能够让他们在实践中加深对传统文化的感悟和理解。

三、开展群文阅读，拓宽传统文化视野

群文阅读是一种有效的阅读教学方式，它围绕某个特定主题组织多篇相关文章进行整体性阅读和理解。在小学语文教学中，教师可以运用群文阅读的教学方法，将优秀传统文化元素与课程教学内容相结合，从而拓宽学生的传统文化视野，加深其对优秀传统文化的理解和认识。

例如，教师可以选取以爱国主义精神为主题的群文阅读专题，如将陆游的《示儿》、文天祥的《过零丁洋》、杜甫的《春望》等多首蕴含浓郁爱国主义情怀的古诗组成一个教学专题。通过引导学生对这些古诗进行系统性学习和比较阅读，教师可以帮助学生深入理解古代诗人对家国的深情厚意。在这样的群文阅读中，学生不仅能够感受到古代诗人的高尚品质和坚定信念，还能够体会到中华优秀传统文化中爱国主义精神的伟大和深远影响。

为了提升群文阅读的教学效果，教师还可以设计多样化的教学活动和互动环节。例如，教师可以组织学生开展小组讨论或班级辩论会，围绕爱国主义这一主题展开讨论和交流；还可以引导学生进行创意写作或朗诵表演等活动，将自己的理解和感悟通过文字或语言表达出来；甚至还可以邀请相关领域的专家或学者进课堂进行专题讲座或互动交流等活动，为学生提供更为广阔的视野和更为深入的解读。

通过群文阅读的教学方法，教师能够将优秀传统文化元素与课程教学内容相结合并加以优化整合。这样的教学方法不仅能够帮助学生拓宽传统文化视野并加深对其理解认识程度；还能够培养学生良好的阅读习惯和思维能力并提高其综合素养水平；同时也能够推动优秀传统文化在小学语文教学中的传承与发展并实现其教育价值的最大化发挥。

四、汉字解说，感受中华优秀文化之美

汉字，作为中华文化的瑰宝，承载着数千年的历史与文明。在小学教育中，汉字教学的重要性不言而喻，它不仅是语言学习的基础，更是传承中华优秀传统文化的关键。通过汉字的形、义、音等结构特点，我们可以一窥古人的智慧与文化信念，感受中华文化的博大精深。

在小学语文教学中，教师可以选择一些具有明显造字意向的汉字，如"日""月""羊""火"等，来引导学生认识汉字的演变历程和构造特点。例如，"日"字，它的形状就像太阳一样，中间一点代表太阳的核心，四周的光芒则象征着太阳的光辉。通过这个简单的汉字，我们可以让学生感受到古人对自然的敬畏与崇拜，以及他们通过观察自然来创造文字的智慧。

在汉字解说中融入传统文化元素，可以使学生更加深入地理解汉字的内涵。以"社"字为例，它由"礻"和"土"两个部分组成。其中，"礻"代表祭祀，而"土"则代表土地。因此，"社"字的含义就是祭祀土地神的地方。在中国古代，"社稷"一词常用来指代国家，因为土地和谷物是国家的根本，所以土地神和谷神也就成为国家最重要的神祇。中国古代的统治者都非常重视对社稷坛的祭祀，以祈求国家兴旺发达、五谷丰登。通过讲解"社"字的构造和文化内涵，教师可以引导学生感受到古人对土地和农业的依赖与敬畏，以及他们对国家的忠诚和热爱。

教师还可以结合具体的课文例子来进行汉字解说。例如，在教授《静夜思》这首诗时，可以重点讲解"月"字。诗中"床前明月光，疑是地上霜"的描绘，让人感受到月光的皎洁与清冷。而"月"字作为诗歌中的重要意象，也承载着古人对月亮的无限遐想与情感寄托。通过讲解"月"字的构造特点和演变过程，教师可以引导学生理解古人是如何通过观察月亮来创造这个汉字的，并进一步探讨月亮在中华文化中的象征意义。

五、传统节日，增强传统文化的认同感

传统节日是中华文化的重要组成部分，它们蕴含着丰富的民族情感、文化

和哲理。在小学教育中，通过传统节日的教育和体验，可以增强学生的民族自豪感和文化认同感，同时也可以让他们更好地继承和弘扬民族精神。

以端午节为例，这个传统节日不仅有着悠久的历史渊源，还蕴含着深厚的文化底蕴。端午节是为了纪念古代爱国诗人屈原而设立的，他的忠贞和爱国精神成为这个节日的核心内涵。在端午节期间，各地都会举行包粽子、赛龙舟、挂艾草等传统活动，这些活动不仅丰富了节日的氛围，还传递着人们对屈原的敬仰和对国家的热爱。

在小学语文教学中，教师可以通过组织各种与端午节相关的活动来让学生深入体验这个传统节日的魅力。首先，教师可以让学生查询和搜集端午节的相关资料，了解节日的起源和文化内涵。其次，教师可以组织学生一起包粽子、做香包，让他们在实践中感受传统文化的独特魅力。最后，教师还可以安排朗诵屈原的诗词或讲述屈原的故事等环节，让学生在欣赏文学作品的同时加深对端午节文化内涵的理解。

除了端午节之外，还有许多其他传统节日也值得在教学中进行介绍和体验。例如，中秋节赏月吃月饼的习俗、春节贴春联放鞭炮的喜庆氛围等，都可以让学生感受到中华文化的博大精深和独特魅力。通过参与这些传统节日的活动，学生可以更加深入地了解中华文化的历史渊源和文化底蕴，增强对传统文化的认同感和自豪感。

第五章

社会主义先进文化育人

在波澜壮阔的历史长河中，文化作为民族的灵魂和血脉，始终承载着滋养心灵、启迪智慧、引领风尚的重任。社会主义先进文化，更是我们这个时代的精神灯塔，它以丰富的内涵、深邃的思想、崇高的精神，为育人事业注入了新的活力。站在新的历史起点上，我们深感社会主义先进文化育人的时代意义非凡。它不仅是培养担当民族复兴大任的时代新人的必由之路，更是构筑中华民族共有的精神家园的重要基石。在这一进程中，我们欣喜地看到，社会主义先进文化育人正展现出独特的特点与趋势，它以更加开放包容的姿态，吸纳着世界文明的有益成果，同时又在实践中不断探索和创新，形成了一系列富有成效的策略与方法。正是基于这样的认识和实践，我们将深入探讨社会主义先进文化育人的内涵与外延，剖析其在时代背景下的独特价值与功能。我们将一起见证那些在育人实践中绽放的绚丽花朵，感受那些在文化熏陶下成长的心灵力量。让我们共同期待，通过不懈努力和探索，社会主义先进文化育人将在新时代焕发出更加璀璨的光芒，为培养更多优秀人才、推动社会全面进步贡献智慧和力量。

第一节　社会主义先进文化育人的时代意义

社会主义先进文化如璀璨明灯，为小学语文教学指明前行之路。它深刻塑造着学生的核心价值观，让学生将爱国、敬业、诚信、友善等优秀品质内化为行动准则，又拓宽学生的国际视野，使其在领略多元文化之美中成长为具有全球竞争力的时代新星。在这一进程中，小学语文教学不仅是知识的传递者，更是文化的传承者、心灵的塑造者。

一、引领教学方向，坚守文化立场

在现今快速变革的时代，各种文化观念、教育理念层出不穷，面对如此多的选择，小学语文教学该何去何从？社会主义先进文化如同夜空中的北极星，为语文教学指明了清晰、明确的方向，确保其沿着国家文化战略设定的航道稳健前行。社会主义先进文化是中国特色社会主义伟大实践的精神成果和集中体现，它以丰富的文化内涵、崇高的价值追求和鲜明的时代特征，引领着社会文明进步的发展方向。社会主义先进文化的主要载体包括反映社会主义建设事业取得的重大成就、模范人物、先进事迹的作品；反映当代中国从站起来、富起来到强起来的奋斗历程和重大事件，体现中国式现代化新道路和人类文明新形态的相关作品；反映和谐互助、共同富裕、改革创新、劳动创造美好生活等方面的作品。

社会主义先进文化的核心是对中华优秀传统文化的传承与发展。这一理念在小学语文教学中的融入，是对"教什么、怎么教"的深层次解答。它提醒我们，小学语文教学不仅要关注学生的语言文字能力，更要站在国家文化传承与

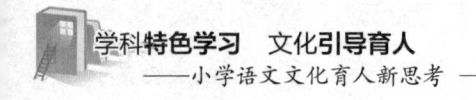

发展的高度，为学生的终身发展负责。

坚守中华文化立场，并非简单地复古或排斥外来文化，而是要在继承传统的基础上，积极吸收人类一切优秀文明成果，形成既符合时代精神又具有民族特色的文化体系。坚守与传承，既是学生对民族文化身份的认同，也是对国家文化安全的维护。

社会主义先进文化的引入，要求小学语文教学更加注重思想性与艺术性的统一。教学内容不仅要包括语言文字的使用规范与技巧，更要注重文学作品的思想深度、艺术美感及其背后蕴含的世界观、人生观和价值观。这样的教学才能真正打动学生的心灵，引发他们对美的向往、对善的追求、对真的探索。

在传播正能量方面，小学语文教材应精选那些反映社会主流价值观、充满正能量的优秀作品，让学生在阅读中感受到社会的进步与美好，从而形成积极向上的生活态度和社会责任感。教师也应以身作则，用自己的言行感染和影响学生，使他们在潜移默化中形成正确的价值观念。

引导学生形成正确的世界观、人生观和价值观，还需要在语文教学中加强人文教育与人文关怀。教师应尊重每个学生的个性和差异，关注他们的情感需求和精神世界，用爱心和智慧去启迪他们的智慧、磨炼他们的意志、塑造他们的人格。通过这样的教育过程，学生才能真正成长为有思想、有情感、有责任感的社会主义新公民。

二、丰富教学内容，提供文化滋养

在社会主义先进文化的滋养下，小学语文教学内容如同一片繁茂的森林，既有古老的参天大树，也有新生的翠绿枝叶。这样的教学内容不仅能满足学生的求知欲望，更能为他们提供丰富的精神食粮，滋养他们的心灵世界。

优秀的文学作品是社会主义先进文化的重要载体。通过引入经典的文学作品，学生可以穿越时空的隧道，与古代的先贤对话，与现代的文学大师交流。在这些作品的熏陶下，学生的审美能力、思辨能力都会得到显著的提升。这些文学作品所蕴含的深刻思想和高尚情感也会潜移默化地影响学生的价值观念和行为方式。

历史故事是连接过去与现在的桥梁，也是培养学生民族认同感和历史责任感的重要途径。在小学语文教学中融入历史故事，可以帮助学生更好地了解中华民族的发展历程和辉煌成就，增强他们的民族自豪感和文化自信。通过对历史故事中人物事迹的学习，学生还可以从中汲取智慧、勇气和力量，为自己的成长之路提供强大的精神动力。

"时代楷模"是社会主义先进文化的生动体现。他们用自己的实际行动诠释了什么是真正的爱国主义、敬业精神、诚实守信等优秀品质。通过学习"时代楷模"的事迹，学生可以更加直观地感受到这些优秀品质的现实意义和社会价值，从而激发他们的学习热情和奉献精神。"时代楷模"身上所展现出的正能量也会深深地感染和影响学生，使他们在成长的道路上始终保持积极向上的心态。

除了以上三个方面外，社会主义先进文化还为小学语文教学提供了更加广阔的视野和更加丰富的素材。无论是优秀的传统艺术、民俗文化还是现代的科技成果、社会现象，都可以成为小学语文教学的有益补充。通过对这些内容的引入和学习，学生可以更加全面地了解中华民族的灿烂文化和当代社会的多样面貌，为自己的未来发展提供坚实的知识基础和宽广的文化视野。

三、塑造核心价值，培育时代新人

在21世纪这个信息爆炸、价值观多元的时代，如何为年轻一代塑造稳固而正确的核心价值观，成为教育的重要使命。小学语文教学作为基础教育的关键环节，承载着初步塑造学生世界观、人生观和价值观的重任。社会主义先进文化的融入，为这一任务提供了有力的思想武器和实践路径。

社会主义先进文化，以其深厚的历史底蕴、鲜明的时代特色和广泛的群众基础，成为塑造学生核心价值观的优质资源。通过学习社会主义先进文化，学生能够接触到一系列体现国家意志、民族精神和时代要求的优秀文化作品，这些作品不仅丰富了他们的知识储备，更在潜移默化中影响着他们的价值判断和行为选择。

爱国、敬业、诚信、友善等社会主义核心价值观，是社会主义先进文化的精髓所在。在小学语文教学中，这些价值观不应仅仅停留在口号和概念的层面，而应通过具体而生动的教学实践，转化为学生内在的行为准则和精神追求。例如，通过学习革命先烈的英勇事迹，学生可以深刻体会到爱国主义的伟大力量；通过参与社会实践活动，学生可以亲身体验到敬业精神的社会价值；通过诚信教育，学生可以认识到诚信品质在人际交往中的重要性；通过参与团队合作和集体活动，学生可以学会友善待人和相互尊重。

价值观的塑造，对于学生的个人成长具有深远的影响。一个拥有正确价值观的人，在面对人生中的种种挑战和诱惑时，能够做出明智而坚定的选择。他们不仅能够在学业上取得优异的成绩，更能在未来的职业生涯和社会生活中展现出卓越的领导力和社会责任感。

价值观的塑造也为社会的和谐稳定和国家的长远发展奠定了坚实的基础，一个拥有共同价值观和理想信念的社会，必然是一个充满凝聚力和向心力的社会。在这样的社会中，人们能够相互理解、相互支持，共同为国家的繁荣富强和民族的伟大复兴贡献力量。

因此，小学语文教学中的社会主义先进文化育人，不仅是一项教育任务，更是一项具有深远意义的社会工程。它要求我们教育工作者以高度的责任感和使命感，精心设计和组织教学活动，确保每一堂课都能成为塑造学生核心价值观的重要阵地。只有这样，我们才能培养出既具有民族精神又具备时代特征的新一代青少年，为中华民族伟大复兴提供坚实的人才支撑。

四、拓宽全球视野，铸就国际人才

在全球化浪潮席卷而来的21世纪，培养具有全球视野和国际意识的新一代青少年，已成为教育的重要目标。小学语文教学作为基础教育的重要组成部分，肩负着为学生打开世界之窗、引导他们放眼全球的重任。社会主义先进文化的融入，为这一目标的实现提供了有力的文化支撑和教育资源。

全球视野的培养，首先要求学生具备跨文化交流的能力。在小学语文教学中，通过引入世界各国的优秀文化成果，学生可以接触到不同文化背景下的思想观念、价值取向和行为方式。跨文化的学习体验，不仅有助于拓宽学生的文化视野，更能够培养他们的多元文化素养和跨文化沟通能力。通过学习不同国家的文学作品、历史典故和民俗风情，学生可以更加深入地了解不同文化之间的差异与共性，从而学会尊重和理解其他民族的文化传统和价值观念。

全球视野的培养还要求学生具备全球竞争的意识。在全球化背景下，国际竞争日益激烈，只有具备全球竞争力的人才才能在激烈的国际竞争中脱颖而出。因此，小学语文教学应注重培养学生的创新意识和实践能力，鼓励他们勇于探索未知领域、敢于挑战自我极限。通过组织学生参与丰富多彩的课外活动和社会实践，可以锻炼他们的组织协调能力、团队合作能力和解决问题的能力，为未来的国际竞争做好充分准备。

社会主义先进文化育人还强调培养学生的国际责任感。作为世界公民的一分子，每个人都应该为人类的共同发展和进步贡献自己的力量。在小学语文教学中，我们可以通过讲述国际友人的感人故事、介绍国际组织的宗旨和行动等方式，激发学生的国际情怀和奉献精神，让他们意识到自己的行动不仅关乎个人的未来，更与整个世界的命运息息相关。

第二节　社会主义先进文化育人的特点与趋势

未来小学语文教学中的社会主义先进文化育人将呈现新趋势：在德育与智育日益融合的背景下，既注重传统文化的传承又鼓励创新思维的迸发；跨学科整合将成为提升学生综合素养的关键路径；而信息技术的巧妙运用，将为这一育人过程增添现代风采。这些新趋势共同绘制出一幅新时代小学语文教学的绚烂画卷。

一、社会主义先进文化育人特点

在小学语文教学中，社会主义先进文化育人是指通过融入社会主义先进文化的内容和理念，以语文学科为载体，对学生进行思想道德教育、文化素养提升和社会主义核心价值观的培育。它旨在通过语文教学活动，引导学生感受、理解和传承中华优秀传统文化，同时积极吸收世界文明优秀成果，形成正确的世界观、人生观和价值观。

（一）思想引领性

小学语文教学中的社会主义先进文化育人，其思想引领性是不可或缺的核心特点。这一特点的实现，往往通过精心选取具有鲜明时代性、深刻思想性、高雅艺术性的作品，让学生在语文学习的过程中，受到先进文化的熏陶和洗礼，从而引导他们形成正确的价值观念和道德情操。

以《掌声》为例，这篇文章以朴实无华的语言，讲述了一个残疾女孩在同学们的掌声中找回自信、积极面对生活的动人故事。这个故事不仅具有深刻的思想性，更体现了社会主义先进文化中的人文关怀和互助精神。通过学习这篇文章，学生可以深刻领悟到人与人之间应该相互尊重、关爱和鼓励，无论面对何种困难和挑战，都应该保持积极向上的心态和勇往直前的精神。社会主义先进文化的思想引领性不仅有助于学生的个人成长和全面发展，更对社会的和谐稳定和繁荣进步具有重要意义。

在教学过程中，教师可以通过引导学生深入阅读文本、开展小组讨论、分享阅读感受等方式，让学生更加深入地理解和体会文章所传达的思想和情感。教师还可以结合学生的生活实际，引导他们将文章中的思想和精神内化为自己的行为准则和价值观念，从而在日常生活中积极践行社会主义先进文化。

（二）实践体验性

小学语文教学中的社会主义先进文化育人，注重学生的实践体验，强调让学生在亲身参与中感受文化的魅力。实践体验性的教学方式，不仅能够激发学生的学习兴趣和积极性，还能让他们在实践中深化对文化的理解和认同。

以《美丽的小兴安岭》为例，这篇文章以优美的语言描绘了小兴安岭的美丽风光和丰富物产。为了让学生更加深入地感受和理解文章所描绘的景象和情感，教师可以组织一次模拟旅行的实践活动。在活动中，学生可以扮演游客、导游等角色，通过解说、表演、互动等方式体验小兴安岭的美丽和魅力。这样的实践活动不仅能够让学生更加直观地感受到大自然的神奇和美丽，还能让他们在体验中更加深刻地认识到保护环境的重要性。

在实践体验性的教学过程中，教师还可以结合学生的年龄特点和兴趣爱好，设计各种富有创意和趣味性的实践活动。例如，可以组织学生进行文学创作、绘画比赛、摄影展览等，让他们用自己的方式表达对社会主义先进文化的理解和感悟。这样的实践活动不仅能够培养学生的文化素养和审美能力，还能让他们在创作和表达中更加深入地理解和认同社会主义先进文化。

（三）时代创新性

随着时代的不断发展，小学语文教学中的社会主义先进文化育人也需要不断创新内容和形式，以适应新时代学生的需求和特点。时代创新性体现在教材内容的更新、教学方式的变革以及评价体系的完善等多个方面。

以《千年梦圆在今朝》为例，这篇文章讲述了中国航天事业的发展历程和辉煌成就，体现了科技创新对于国家发展和民族振兴的重要性。在教学过程中，教师可以结合多媒体技术和网络资源，向学生展示中国航天器的发射过程、太空实验等精彩瞬间，让学生在感受科技魅力的同时更加深刻地认识到科技创新的重要性和意义。教师还可以引导学生关注最新的科技动态和发展趋势，鼓励他们发挥想象力和创造力，进行科技小制作或科幻故事创作等拓展性活动。

在时代创新性的教学过程中，教师还需要不断更新自己的教学理念和方式方法。例如，可以利用微课、慕课等现代教学手段来辅助教学；通过组织小组讨论、合作学习等方式来激发学生的学习兴趣和积极性；引入课外阅读、社会实践等拓展性活动来丰富学生的语文学习体验；等等。这些创新性的教学方式和手段不仅能够提高教学效果和质量，还能让学生在轻松愉悦的氛围中更加深入地感受到社会主义先进文化的时代性和创新性。教师还需要关注学生的个体差异和个性化发展需求，为他们提供更加个性化和多样化的学习支持和服务。

二、社会主义先进文化育人趋势

未来的小学语文教学将如春风化雨，润物无声，以德育与智育的交融为根基，跨学科整合为枝干，信息技术的运用为羽翼，共同培育出社会主义先进文化的绚丽花朵。

（一）更加注重德育与智育的融合

在未来的小学语文教学中，一个明显的趋势是更加注重德育与智育的融合。这意味着语文教学不仅要传授知识，更要注重培养学生的思想道德品质。例如，在教学《狼牙山五壮士》这类具有深刻历史背景和爱国主义精神的课文时，教师可以通过讲解历史事件、引导学生分析人物性格和行为，让学生在学习知识的同时深刻理解并认同爱国主义精神，从而提升他们的思想道德水平。

为了实现德育与智育的融合，教师还可以设计一些综合性的学习活动，如主题研讨会、情景剧表演等，让学生在实践中学习和体验社会主义先进文化。通过这些活动，学生不仅可以锻炼自己的语言表达和合作能力，还能在亲身参与中更加深入地理解社会主义核心价值观，从而形成正确的价值观念和道德情操。

（二）更加注重跨学科整合

随着课程改革的不断深入，小学语文教学将更加注重与其他学科的整合，体现在教学内容的跨学科性和教学方式的多样性上。例如，在教授《富饶的西沙群岛》这类涉及地理、生物等多方面知识的课文时，教师可以邀请地理、生物等相关学科的教师共同参与课堂教学，为学生提供更加全面、深入的知识解读。

教师还可以设计一些跨学科的综合性学习活动，如"探索自然"主题实践活动，让学生综合运用语文、数学、科学等学科的知识和方法解决实际问题。通过这样的跨学科整合，学生不仅可以拓宽自己的知识面，还能在实践中提升自己的综合素养和文化感知能力。

（三）更加注重信息技术的运用

随着信息技术的不断发展，其在小学语文教学中的应用也越来越广泛。未来社会主义先进文化育人将更加注重信息技术的运用，以丰富教学内容和形式，提高教学效果。例如，教师可以利用多媒体技术制作生动的课件和动画，将抽象的文字转化为形象的图像和声音，帮助学生更好地理解课文内容和情境。教师还可以利用网络资源为学生提供丰富的学习材料和拓展阅读资源，让学生在自主探究中感受社会主义先进文化的魅力。

信息技术还可以为小学语文教学提供更加便捷和高效的评价方式。例如，教师可以利用在线测试、电子档案袋等评价方式对学生的学习情况进行实时跟踪和反馈，从而更加全面地了解学生的学习状况。信息技术的运用不仅可以提高教学评价的准确性和有效性，还能为教师的教学决策提供更加有力的支持。

第三节　社会主义先进文化育人的策略与方法

小学语文教学中，社会主义先进文化的育人策略与方法多种多样：深度挖掘教材文本以传承文化精髓，解读社会热点文化以启迪时代思考，分享身边优秀人物事件以发挥榜样力量，赏析影视文化作品以浸润艺术美感，举办主题班会以凝聚价值共识。这些策略与方法相互交织，共同构成了一幅绚丽多彩的文化育人画卷，引领着学生在社会主义先进文化的熏陶下茁壮成长，成为担当民族复兴大任的时代新人。

一、教材文本深度挖掘

小学语文教材不仅是学习语言文字的工具，更是传承社会主义先进文化的重要载体。在这一学习阶段，学生如同一张白纸，亟待书写上色彩斑斓的人生。而教材中的经典文本，无疑是给这张白纸涂抹底色的最好画笔。

深度挖掘教材文本，不仅要求教师将文字表面的意义讲解得清楚明白，更要挖掘其背后的文化价值。比如，讲解《草房子》这样的经典课文时，不仅要让学生了解故事的情节，更要引导他们理解作品中体现的坚韧不拔的民族精神和对美好生活的执着追求。这不仅是文字的学习，更是一次文化的洗礼。

结合学生的年龄特点和认知水平进行文本的选取与解读是至关重要的。对于低年级的孩子，可以选择一些生动有趣的童话故事，通过故事中的角色和情节，向他们传递社会主义先进文化中的正直、善良、勤劳等价值观念；对于高年级的孩子，则可以选择一些更具深度和广度的作品，引导他们进行深入的思考和讨论，理解更加复杂和抽象的文化概念。

在进行深度挖掘的过程中，教师还可以采用拓展阅读和比较阅读的方法。通过将与教材文本相关的其他文化作品引入课堂，进行比较和对照，可以让学生更加全面地了解社会主义先进文化的丰富性和多样性。例如，在学习《雷锋叔叔，你在哪里》这样的课文时，教师可以引导学生阅读雷锋的其他事迹或者与雷锋精神相似的其他人物的故事，让学生在比较中更加深入地理解雷锋精神的内涵和价值。

教师还可以通过课堂讲解、小组讨论、角色扮演等多种教学方式，让学生在亲身体验中感受和理解社会主义先进文化的魅力。通过引导学生积极参与到教学活动中来，不仅可以激发他们的学习兴趣和探究欲望，还可以提升他们的文化素养和审美能力。

二、社会热点文化解读

在当代社会，热点文化事件层出不穷，这些事件往往能够反映出一个时代的精神风貌和文化走向。对于小学语文教学而言，社会热点文化事件无疑是进行社会主义先进文化育人的宝贵教学资源。通过对这些事件的解读和分析，不仅可以引导学生关注和思考现实问题，还能够培养他们的文化敏感性和批判性思维。

教师要时刻关注社会热点文化事件，并将其及时引入课堂教学中。例如，当社会上出现关于环保问题的热议时，教师可以组织学生讨论环境问题产生的原因、影响以及我们每个人可以做出的贡献。通过这样的讨论，学生不仅可以意识到环保问题的重要性和紧迫性，还能够培养他们的环保意识和责任感。

在解读社会热点文化事件时，教师要注重培养学生的批判性思维。批判性思维是指能够独立思考、不盲从、不人云亦云的一种思维方式。在解读社会热点文化事件时，教师可以通过提出问题、引导讨论等方式，激发学生的好奇心和探究欲望，鼓励他们对事件进行深入的思考和分析。例如，在讨论科技创新话题时，教师可以引导学生思考科技创新给社会带来的正面影响以及可能带来的负面影响，让学生在思考中学会辩证地看问题。

教师还可以通过多样化的教学方式来引导学生更加深入地理解社会热点文

化事件。例如,可以利用多媒体教学设备播放相关的新闻报道或纪录片,让学生更加直观地了解事件的背景和发展过程;还可以邀请相关领域的专家或从业者进课堂,与学生进行面对面的交流和互动,为学生提供更加真实、深入的学习体验。

教师在解读社会热点文化事件时还需要注意以下几点:一是要确保所选取的事件具有代表性和教育意义;二是要结合学生的实际情况和认知特点进行解读和分析;三是要注重引导学生树立正确的价值观念和道德标准;四是要鼓励学生积极参与社会实践活动,将所学知识运用到实际生活中。

三、优秀人物事件分享

身边的优秀人物和事件,是小学语文教学中极具活力和感染力的社会主义先进文化教育资源。这些生动具体的案例,能够将抽象的文化理念转化为触手可及的现实,让学生在耳濡目染中感受到社会主义先进文化的魅力和力量。

邀请身边的优秀人物走进课堂,与学生面对面交流,是小学语文教学中一种非常有效的方法。这些优秀人物可以是各行各业的佼佼者,也可以是身边的普通人,只要他们身上有值得学习的闪光点,就可以成为学生的榜样。当优秀人物走进课堂,他们用自己的亲身经历和感悟向学生传递着社会主义先进文化的价值观和精神内涵。他们的奋斗历程、成功经验、人生感悟,都是学生成长道路上的宝贵财富。通过与优秀人物的交流,学生可以更加直观地感受到成功的来之不易,更加深刻地理解到努力和坚持的重要性。优秀人物的现身说法,也能够激发学生向榜样学习的积极性和主动性。当学生看到身边的优秀人物通过自己的努力取得了辉煌的成就,他们也会在心中种下一颗梦想的种子,期待着有朝一日能够像榜样一样,成为社会的栋梁之材。

组织学生分享身边的感人事迹,是另一种将社会主义先进文化融入小学语文教学的有效方式。这些感人事迹可以是学生亲身经历的,也可以是他们在生活中听闻的,只要能够触动他们的心灵,就可以成为分享的内容。在分享过程中,学生用自己的语言讲述着身边的感人事迹,表达着对亲人、朋友、老师等人的感激之情。这些真挚的情感流露,不仅让学生更加懂得感恩和珍惜,也让他们的心灵得到了净化和升华。通过分享和交流身边的感人事迹，还能够培养学生的奉献精神和团队合作意识。当学生意识到自己的行为和言语能够给他人带来帮助和温暖时，他们就会更加愿意付出自己的爱心和力量。奉献精神和团队合作意识的培养，有助于学生的个人成长，对他们未来融入社会和建设美好家园具有重要意义。

身边优秀人物事件的分享不仅让学生的知识量和能力得到了提升，在情感、态度和价值观方面也得到了全面的培养。通过向优秀人物学习、感恩他人、奉献社会等实践活动，学生逐渐形成了积极向上的人生态度和正确的价值观念。这些宝贵的品质将伴随他们一生，成为他们不断前行、勇攀高峰的不竭动力。

四、影视文化作品赏析

影视文化作品作为传播社会主义先进文化的重要渠道，在小学语文教学中具有举足轻重的地位。通过选取具有代表性的影视文化作品，引导学生进行赏析和评价，不仅可以提升学生的审美能力和鉴赏水平，还能够培养他们的历史使命感和民族自豪感。

在浩如烟海的影视作品中挑选出适合小学生欣赏的社会主义先进文化作品并非易事。教师需要结合学生的年龄特点和认知水平，选取那些既能够体现社会主义先进文化精神内涵，又能够引起学生兴趣的作品。例如，反映中国革命历史的影视作品可以让学生了解革命先烈的英勇事迹和革命精神；展现改革开放伟大成就的影视作品可以让学生感受到祖国日新月异的变化和发展；而描绘新时代奋斗精神的影视作品则可以激励学生为实现中华民族伟大复兴的中国梦而努力奋斗。在欣赏过程中，教师需要引导学生从多个角度对影视作品进行深入剖析。首先，可以从作品的主题思想入手，探讨其所传递的社会主义先进文化价值观和精神内涵。其次，可以从角色塑造、情节设计等方面分析作品的艺术表现力和感染力。最后，还可以结合历史背景和社会现实对作品进行更加深入的解读和评价。

通过对社会主义先进文化影视作品的欣赏和评价，学生的审美能力和鉴赏水平可以得到显著提升。他们学会了如何从不同角度欣赏影视作品的美感和艺术价值，如何辨别作品中的优劣之处，并逐渐形成了自己独特的审美标准和鉴赏品味。审美能力和鉴赏水平的提升，不仅有助于学生的阅读和写作能力的提高，而且对他们未来的人生发展和文化素养的提升具有重要意义。

社会主义先进文化影视作品往往承载着丰富的历史信息和民族情感。通过对这些作品的赏析和评价，学生可以更加直观地了解祖国的历史和文化传统，更加深刻地感受到中华民族的伟大。历史使命感和民族自豪感的培养不仅有助于激发学生的爱国热情，培养他们的社会责任感，还能够激励他们为传承和弘扬中华民族优秀文化而努力奋斗。

五、特色主题班会开展

主题班会是学校进行德育和文化教育的重要形式，是小学语文教学中弘扬社会主义先进文化、培育学生核心价值观的重要途径。结合社会主义先进文化的相关内容，设计和组织具有针对性的主题班会活动，不仅能够增强学生的情感体验，提升认知深度，还能够促进他们的团队协作和交流沟通能力，营造积极向上的班级文化氛围。

在设计和组织社会主义先进文化主题班会时，教师需要明确班会的目标、内容和形式，确保活动能够紧扣主题、贴近学生实际、具有教育意义。例如，可以围绕"爱国奋斗""诚信友善""勤劳创新"等社会主义先进文化的核心价值观，结合学生的年龄特点和认知水平，设计一系列丰富多彩的活动。在班会形式上，可以采用演讲、朗诵、表演等多种形式，让学生在参与活动的过程中深刻领悟社会主义先进文化的精神实质和现实意义。演讲可以让学生用自己的语言表达对社会主义先进文化的理解和感悟；朗诵可以让学生通过声情并茂的诵读，感受经典诗文的魅力和力量；表演则可以让学生通过角色扮演、情景模拟等方式，更加直观地理解和体验社会主义先进文化的内涵。

社会主义先进文化主题班会的开展，能够让学生在参与活动的过程中增强情感体验，提升认知深度。通过亲身参与演讲、朗诵、表演等活动，学生可以更加深入地理解和感受社会主义先进文化的精神内涵，从而在情感上产生共鸣，在认知上得到提升。例如，在"爱国奋斗"主题的班会中，学生可以通过讲述革命先烈的英勇事迹、朗诵爱国诗篇、演唱爱国歌曲等方式，表达对祖国的热爱和对奋斗精神的致敬。这样的活动不仅能够激发学生的爱国热情，还能够让他们更加深刻地理解爱国奋斗精神的时代价值和现实意义。

社会主义先进文化主题班会的开展，还能够促进学生的团队协作和交流沟通能力。在班会的筹备和开展过程中，学生需要相互协作共同完成任务，这不仅能够培养他们的团队合作意识，还能够锻炼他们的组织协调和人际交往能力。班会活动还为学生提供了展示自我、交流思想的平台。在演讲、朗诵、表演等环节中，学生可以充分展示自己的才华和个性，分享自己的思考和感悟。交流和分享的过程不仅能够增进学生之间的了解和友谊，还能够培养他们的语言表达和逻辑思维能力。

社会主义先进文化主题班会的开展，对于营造积极向上的班级文化氛围具有重要意义。通过班会活动的组织和开展，可以将社会主义先进文化的理念和精神融入班级文化建设中，形成健康向上、团结奋进的班级风气。积极向上的班级文化氛围不仅能够激发学生的学习热情和创新精神，还能够培养他们的集体荣誉感和责任感。在良好的班级文化氛围中，学生会更加自觉地遵守纪律、尊重他人、关心集体，从而形成和谐友爱的班级人际关系。

第四节 社会主义先进文化育人实践探索

小学语文教学，应以情境模拟让学生亲历文化之韵，借跨学科研究探寻文化之深，凭现代技术绘就文化之彩，通过社区资源感受文化之广，最终联合家庭教育共筑文化之基。如此，社会主义先进文化之花在小学语文教学的沃土中方能绽放得更加绚烂多姿，芬芳满园，深深植根于学生的心田，滋养他们的精神世界，引领他们走向更加美好的未来。

一、情境模拟与文化体验

在小学语文教学中，对于充满好奇心的小学生而言，情境模拟是一种极为有效的教学方法。通过情境模拟，学生能够在亲身体验中感受到社会主义先进文化的魅力，从而更加深入地理解课文内容，领悟文化精神。以《纳米技术就在我们身边》这篇课文为例，我们可以设计一节生动有趣的情境模拟课。

《纳米技术就在我们身边》这篇课文主要介绍了纳米技术的神奇之处以及它在现代生活中的应用。为了让学生更加直观地感受到纳米技术的魅力，教师可以利用多媒体技术创设一个虚拟的纳米世界，让学生在其中进行角色扮演和模拟对话。

教师可以利用音视频资料向学生展示纳米技术在医疗、环保、能源等领域的应用实例，激发学生对纳米技术的兴趣。然后，教师可以邀请几位学生上台，分别扮演科学家、医生、环保工作者等角色，模拟在纳米世界中的对话和互动。

在模拟过程中，学生们可以围绕纳米技术的特点、应用前景以及对社会的影响等话题展开讨论。例如，扮演科学家的学生可以介绍纳米技术的原理和发展历程；扮演医生的学生可以讲述纳米技术在医疗领域的应用，如纳米机器人如何帮助人类治疗疾病；扮演环保工作者的学生可以讲述纳米技术在环保领域的应用，如利用纳米材料净化水源等。

通过角色扮演和模拟对话，学生们不仅能够更加深入地了解纳米技术的相关知识，还能感受到科技发展的力量以及科技为人类带来的福祉。这样的教学方式不仅生动有趣，还能够让学生在亲身体验中领悟到社会主义先进文化的精神内涵，如创新精神、科学精神以及人与自然和谐共生的理念等。

教师还可以结合课文内容设计一些拓展性的情境模拟活动。例如，教师可以组织学生开展一场以"纳米技术在未来的应用"为主题的创意大赛，鼓励学生发挥想象力，设计出自己心目中的纳米产品。通过这样的活动，学生不仅能够更加全面地了解纳米技术的应用前景，还能够培养自己的创新意识和实践能力。

二、跨学科文化主题研究

在小学语文教学中，跨学科文化主题研究是一种富有创新性和实效性的教学策略。通过结合其他学科的相关知识，以文化为主题进行深入研究，可以让学生在探究问题、解决问题的过程中更加全面地了解和认同社会主义先进文化。以《挑山工》这篇课文为例，我们可以设计一节跨学科的文化主题研究课。

《挑山工》这篇课文主要讲述了挑山工们辛勤劳动、坚韧不拔的精神风貌。为了让学生更加深入地了解挑山工背后的文化内涵以及他们所代表的社会主义先进文化精神，教师可以结合历史、地理等学科的相关知识，设计一系列综合性学习活动。

教师可以引导学生通过查阅资料、观看纪录片等方式了解泰山的地理环境、历史文化以及挑山工的历史渊源。在这个过程中，学生可以了解到泰山作为中国名山之一的独特地位和价值，以及挑山工们在泰山上的重要性和作用。通过了解挑山工的历史渊源，学生能够更加深入地理解他们所代表的坚韧不

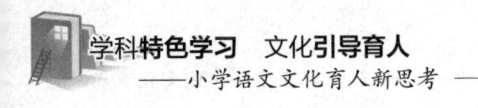

拔、勤劳勇敢的精神品质。

教师可以组织学生进行实地考察或模拟体验活动。如果条件允许，教师可以带领学生亲自登上泰山，感受挑山工们的辛勤劳动和坚韧精神；如果条件有限，教师也可以利用多媒体技术创设一个虚拟的泰山环境，让学生进行模拟体验。在这个过程中，学生可以亲身感受到挑山工们所面临的种种困难和挑战，从而更加深刻地理解他们所代表的精神品质。

教师还可以结合美术、音乐等学科的知识，引导学生通过绘画、创作歌曲等方式表达对挑山工精神的理解和赞美。例如，学生可以绘制一幅以挑山工为主题的画作，通过色彩、线条等视觉元素表现出挑山工们的辛勤劳动和坚韧精神；或者创作一首以挑山工为主题的歌曲，通过旋律和歌词传达出对挑山工精神的赞美。

通过这样的跨学科文化主题研究，学生不仅能够更加全面地了解挑山工背后的文化内涵以及他们所代表的社会主义先进文化精神，还能够培养自己的综合素养和实践能力。这种教学策略也能够激发学生的学习兴趣和积极性，让他们在探究问题、解决问题的过程中感受到学习的乐趣。更重要的是通过这样的学习活动，学生能够更加深入地理解和认同社会主义先进文化，从而树立正确的价值观和人生目标。

三、现代技术手段的运用

随着科技的飞速发展，现代技术手段为小学语文教学提供了前所未有的便利和可能性。这些技术手段不仅丰富了教学的形式和内容，还提高了教学的效率和趣味性，使学生能够在轻松愉悦的氛围中学习和感受社会主义先进文化。以《宇宙生命之谜》这篇课文为例，我们可以深入探讨如何运用现代技术手段来优化语文教学。

多媒体和网络资源是现代教学中不可或缺的重要工具。对于《宇宙生命之谜》这样充满神秘感和探索性的课文，教师可以利用多媒体技术制作精美的课件，其中包含丰富的图片和视频资料。例如，可以通过展示宇宙星系的壮丽景象、外星生命的猜想图以及科学家探索宇宙的精彩瞬间，将学生带入一个神秘而广阔的宇宙世界。这样的教学方式不仅能够激发学生的学习兴趣和好奇心，还能够帮助他们更加直观地理解课文内容，感受宇宙的浩瀚无垠和生命的奇妙多样。

在线学习平台和社交媒体为学生的学习提供了更加便捷和高效的方式。教师可以利用这些平台发布学习任务、分享学习资源、组织在线讨论等，使学生能够随时随地进行学习交流。对于《宇宙生命之谜》这篇课文，教师可以引导学生在课后利用在线资源进行深入探究，如查阅关于宇宙生命的最新研究成果、观看相关科普讲座等。教师还可以鼓励学生在社交媒体上分享自己的学习心得和感悟，与其他同学进行互动交流，从而培养他们的合作精神和沟通能力。

大数据和人工智能等技术的应用也给语文教学带来了新的变革。通过对学生的学习情况进行实时分析和反馈，教师可以更加精准地了解每个学生的学习特点和需求，从而进行个性化的教学指导。对于《宇宙生命之谜》这篇课文，教师可以利用智能教学系统对学生的学习进度、理解程度等进行跟踪评估，及时发现学生的学习困难和问题，并给予针对性的辅导和帮助。这样的教学方式不仅能够提高学生的学习效率，还能够培养他们的自主学习能力和问题解决能力。

四、社区文化资源的开发与利用

社区是小学生生活和学习的重要场所之一，其中蕴含着丰富的文化资源。充分开发和利用这些资源，不仅可以为小学语文教学提供生动真实的教学素材和场景，还能够增强学生对本土文化的认同感和自豪感。以小学语文课文《为人民服务》为例，我们可以探讨如何开发与利用社区文化资源来丰富语文教学。

邀请社区的文化工作者、艺术家等进校园做讲座或表演是一种有效的教学方式。他们可以结合自身的专业知识和实践经验，为学生讲解社会主义先进文化的内涵和价值，展示文化艺术的魅力。例如，可以邀请一位在社区中享有盛誉的艺术家为学生讲解《为人民服务》这篇课文中所体现的无私奉献精神和为人民服务的核心价值观,并通过现场表演或展示相关作品来加深学生对课文内容的理解和感受。这样的教学方式不仅能够让学生更加直观地感受到社会主义先进文化的存在和影响力,还能够激发他们对文化艺术的热爱和追求。

组织学生参观社区的文化景点或博物馆也是一种重要的教学方式。通过实地参观和亲身体验,学生可以更加深入地了解本土文化的历史渊源、发展脉络和独特魅力。对于《为人民服务》这篇课文,教师可以组织学生参观社区中的革命历史纪念馆或人民英雄纪念碑等红色教育基地,让他们亲身感受革命先烈的英勇事迹和无私奉献精神。这样的教学方式不仅能够增强学生的历史使命感和责任感,还能够培养他们的爱国主义情感和民族精神。

与社区合作开展以文化为主题的社会实践活动也是一种富有创新性和实效性的教学策略。教师可以结合课文内容设计一些具有针对性的社会实践活动方案,让学生在实践中体验社会主义先进文化的魅力和价值。例如,可以组织学生开展以"为人民服务"为主题的志愿服务活动,如为社区的老年人提供关爱服务、为环境保护贡献自己的力量等。通过这样的实践活动,学生不仅能够更加深入地理解《为人民服务》这篇课文中所倡导的核心价值观,还能够培养自己的社会责任感和奉献精神。

五、家庭教育的配合与延伸

家庭作为社会的基本细胞,对于孩子的成长具有不可替代的重要作用。在孩子的成长过程中,家庭不仅是物质生活的提供者,更是精神文化的传承者。尤其在小学语文教育中,家庭与学校的紧密配合,能够将语文教学的影响延伸到孩子的日常生活中,从而更好地培养孩子的文化素养和道德情操。以《有的人——纪念鲁迅有感》这篇课文为例,我们可以探讨如何在家庭教育中配合与延伸语文教学。

家长可以与孩子一起阅读这篇经典的文学作品。《有的人——纪念鲁迅有感》是著名诗人臧克家为纪念鲁迅先生逝世十三周年而写的一首抒情诗。全诗用简洁形象的语言,描述了两种截然不同的人生态度,一种是虽生犹死,一种是虽死犹生。通过对比,诗人热情地歌颂了鲁迅先生为人民无私奉献的可贵精神,并号召人们做真正有价值的人。家长在陪伴孩子阅读的过程中,可以引导孩子理解诗中的深层含义,感受鲁迅先生的伟大人格和崇高精神。这样的亲子阅读活动,不仅能够增进家长与孩子之间的情感交流,还能够让孩子在家庭的氛围中潜移默化地受到社会主义先进文化的熏陶。

家长可以在日常生活中向孩子传授正确的价值观念和道德规范。鲁迅先生的精神品质,如爱国情怀、批判精神、关注民生等,都是社会主义核心价值观的重要体现。家长可以结合《有的人——纪念鲁迅有感》这篇课文,向孩子讲解这些价值观念的现实意义和社会价值,并引导他们在日常生活中践行这些规范。例如,家长可以鼓励孩子关注社会热点问题,培养他们的公民意识和社会责任感;可以培养孩子的批判性思维,让他们不盲目接受外界信息;可以教育孩子尊重他人、关爱弱势群体。通过这样的家庭教育,孩子不仅能够更加深入地理解课文内容,还能够将这些价值观念内化为自己的行为准则。

家长还可以积极参与学校的文化活动,成为学校教育的有力支持者。学校可以定期举办以社会主义先进文化为主题的文化活动,如诗歌朗诵会、文学讲座、影视欣赏等,并邀请家长共同参与。在这些活动中,家长可以与孩子一起欣赏经典文学作品或观看优秀影视作品,共同感受文化的魅力;还可以与其他家长交流教育心得和经验,共同探讨如何更好地培养孩子的文化素养和道德情操。通过这样的参与和合作,家长不仅能够更加深入地了解学校的教育理念和教育方式,还能够为孩子营造一个更加浓郁的文化氛围和成长环境。

第六章

文化导向下小学语文学科育人课程实施

在悠悠的历史长河中，文化如同璀璨的星辰，照亮着民族前行的道路。小学语文学科，作为传承和弘扬中华优秀传统文化的重要载体，担负着培育学生人文素养、塑造学生精神品格的时代使命。在文化导向下，小学语文学科育人课程的实施显得尤为重要。小学语文教师将深入探讨如何在小学语文教学中融入文化育人的理念，通过确定合理的育人目标、多维深度挖掘教材中的文化元素、创新教学方式与方法以及构建多元化评价体系，让文化的力量渗透到每一个课堂，浸润每一个学生的心灵。我们期望在这样的课程实施中，学生能够感受到中华文化的博大精深，领略到语言文字的无穷魅力，从而在内心深处产生对语文学习的热爱和对文化传承的责任感。让我们携手共进，以文化为魂，以语文为媒，共同描绘出一幅充满诗意和活力的育人画卷，为学生的全面发展撑起一片广阔的天空。在接下来的章节中，将一一展开论述，探寻小学语文学科育人课程实施的奥秘与智慧。

第一节 确定合理的文化育人目标

小学语文课程教学应确立以核心素养为灵魂、融合"四基四能"之精髓的文化育人目标，让学生在博大精深的文化熏陶中个性化成长，同时紧密结合时代脉搏，让语文教学成为传承中华优秀传统文化、培养具有国际视野新时代少年的重要阵地。这一目标的确立，既是对学生全面发展的深情期待，也是对中华文化生生不息、历久弥新的美好祝愿。

一、以核心素养为指引

核心素养是学生应具备的适应终身发展和社会发展需要的必备品格和关键能力。在制订小学语文课程教学的文化育人目标时，以核心素养为指引是至关重要的。这不仅关乎学生语文素养的培养，而且关乎他们未来的全面发展和社会适应能力。

语言建构与运用是语文学科核心素养的基础。在小学阶段，学生的语言能力正处于快速发展的关键时期。因此，我们的文化育人目标应该注重培养学生的语言表达能力、阅读理解能力以及写作能力。通过组织丰富多样的语言实践活动，如朗读、背诵、演讲、写作等，让学生在真实的语境中感受语言的魅力，提升他们的语言运用能力。

思维发展与提升是语文核心素养的重要组成部分。小学语文教学应该注重培养学生的思维能力，包括逻辑思维、创新思维、批判性思维等。通过引导学生进行深入的思考、讨论和探究，激发他们的思维活力，培养他们的思维品质。我们还要鼓励学生勇于质疑、敢于挑战，培养他们的批判性思维和创新能力。

审美鉴赏与创造也是语文学科核心素养的重要方面。小学语文教材中蕴含着丰富的审美元素，如优美的语言文字、深邃的思想内涵、独特的艺术风格等。我们的文化育人目标应该注重培养学生的审美情趣和审美能力，让他们学会欣赏文学作品中的美，感受语言文字的魅力。我们还要鼓励学生进行文学创作，培养他们的想象力和创造力。

文化传承与理解是语文学科核心素养的终极目标。中华文化博大精深，源远流长，是我们民族的瑰宝。小学语文教学应该承担传承中华优秀传统文化的重任，让学生在学习语文的过程中了解中华传统文化的历史渊源、思想精髓和价值观念。通过引导学生阅读经典文学作品、了解传统节日习俗、探访名胜古迹等方式，让他们感受中华传统文化的魅力，增强他们的民族自豪感和文化自信心。

二、融合"四基四能"要求

在制订小学语文课程教学的文化育人目标时，融合"四基四能"要求是至关重要的。这不仅可以确保学生在语文学习过程中掌握基础知识和基本技能，还能够培养他们的思维能力和问题解决能力，为未来的学习和生活奠定坚实的基础。

基础知识是学生学习语文的基石。在小学阶段，学生需要掌握大量的汉字、词语、句式等基础知识。我们的文化育人目标应该注重夯实学生的语文基础，通过系统的识字教学、词语积累、句式训练等方式，让学生逐步掌握语文学习的基本要素。我们还要注重知识的内在联系和整合，帮助学生构建完整的知识体系。

基本技能是学生运用语文知识的关键。在小学阶段，学生需要掌握听、说、读、写等基本技能。我们的文化育人目标应该注重培养学生的这些基本技能，通过大量的听说训练、阅读指导和写作练习等方式，让学生逐步掌握运用语文知识的基本方法。我们还要注重技能的实践和运用，让学生在真实的语境中锻炼和提高自己的语文技能。

基本思想是学生理解语文知识的核心。在小学阶段，学生需要初步掌握一些基本的语文思想，如文本解读的思路、语言表达的规律等。我们的文化育人目标应该注重渗透这些基本思想，通过引导学生进行深入的思考、讨论和探究，让他们逐步领悟语文知识的内在逻辑和规律。我们还要注重思想的启发和引导，培养学生的思维品质和创新意识。

基本活动经验是学生积累语文学习经验的重要途径。在小学阶段，学生需要通过参与各种语文实践活动来积累经验、提升素养。我们的文化育人目标应该注重设计丰富多彩的语文实践活动，如课外阅读、文学社团活动、写作比赛等，让学生在活动中感受语文的魅力、提升自己的素养。我们还要注重活动的引导和评价，让学生在活动中获得积极的情感体验和成功的满足感。

"四能"即发现问题、提出问题、分析问题和解决问题的能力，是学生在学习过程中需要逐步培养的重要能力。我们的文化育人目标应该注重培养学生的这些能力，通过创设问题情境、引导自主探究、鼓励合作交流等方式，让学生逐步掌握问题解决的基本方法和策略。我们还要注重培养学生的批判性思维和创新能力，鼓励他们勇于质疑、敢于挑战、善于创新。

三、关注学生在文化引领下的个性化成长

每个学生都是一本独特的书，他们的成长之路各不相同，充满了无数可能。在制订小学语文课程教学的文化育人目标时，我们必须高度关注学生在文化引领下的个性化成长，尊重他们的主体地位和个性差异，为他们的全面发展提供有力的支持。

学生的认知特点是他们个性化成长的重要基础。每个学生都有自己的学习方式和思维习惯，这些都是他们在长期的学习过程中逐渐形成的。因此，我们在制订文化育人目标时，应该充分考虑学生的认知特点，采用多样化的教学方法和手段，以满足他们不同的学习需求。例如，对于视觉型的学生，我们可以利用图文并茂的教材或多媒体资源来教授新知识；对于听觉型的学生，我们则可以通过讲述故事或播放音频来激发他们的学习兴趣。这样的教学方式不仅能够提高学生的学习效率，还能够让他们在学习过程中感受到自己的独特性和价值。

学生的兴趣爱好是他们个性化成长的重要动力。兴趣是最好的老师,只有当学生真正对所学内容感兴趣时,他们才会全身心地投入其中,取得更好的学习效果。因此,我们在制订文化育人目标时,应该注重培养学生的兴趣爱好,让他们在学习语文的过程中感受到乐趣和成就感。例如,我们可以根据学生的兴趣爱好设计不同的课外阅读任务,引导他们阅读自己喜欢的书籍并分享阅读心得;我们还可以组织丰富多彩的文学活动,如诗歌朗诵会、戏剧表演等,让学生在参与活动的过程中展示自己的才华和创造力。

学生的个性差异是他们个性化成长的重要表现。每个学生都有自己的性格特点和价值观念,这些都是他们在成长过程中逐渐形成的。因此,我们在制订文化育人目标时,应该尊重学生的个性差异,采用个性化的评价方式和标准来衡量他们的学习成果。例如,我们可以采用档案袋评价的方式,记录学生在学习过程中的点滴进步和成长轨迹;我们还可以鼓励学生进行自我评价和同伴互评,让他们在评价过程中认识到自己的优点和不足,从而明确自己的发展方向和目标。

四、结合时代文化背景与要求

时代在不断发展变化,文化也在不断传承创新。小学语文课程教学作为传承中华优秀传统文化、培养学生语文素养的重要阵地,必须紧密结合时代文化背景与要求来制订文化育人目标。这不仅可以确保教学内容的时效性和针对性,还能够让学生在学习过程中更好地融入社会、适应未来发展的需要。

我们应该积极引入新的文化元素和教学方式来丰富课程内容。随着科技的进步和全球化的加速推进,各种新兴文化现象层出不穷,这些都为我们的语文教学提供了丰富的素材和灵感来源。例如,我们可以利用多媒体技术、虚拟现实(VR)或增强现实(AR)呈现古今中外的经典文学作品或历史文化遗址;我们还可以通过互联网平台开展线上阅读、写作交流等活动来拓宽学生的学习视野;我们甚至可以邀请当代作家、学者进校园与学生面对面交流分享最新的文化动态和思考成果。这些举措不仅能够激发学生的学习兴趣和探究欲望,还能够让他们在学习过程中不断接触到新的知识和信息,从而培养他们的创新思维和跨文化交流能力。

我们应该注重培养学生的国际视野和跨文化交流能力。在全球化的背景下，不同文化之间的交流与融合已经成为一种必然趋势。因此，我们在制订文化育人目标时应该注重培养学生的国际视野和跨文化交流能力，让他们能够更好地理解不同文化之间的差异和共性，并学会尊重、包容和借鉴其他文化的优秀成果。例如，我们可以通过开设国际理解教育课程来介绍世界各地的历史、文化、风俗习惯等；我们还可以通过组织国际交流活动，如学生互访、文化交流演出等来增进学生对不同文化的了解和认识；我们甚至可以鼓励学生参与国际性的竞赛或志愿者项目，来锻炼他们的跨文化沟通能力和团队协作能力。这些举措不仅能够培养学生的国际视野和跨文化交流能力，还能够为他们的未来发展打下坚实的基础。

我们还应该注重传承中华优秀传统文化的精髓和价值观念。中华优秀传统文化是中华民族几千年文明发展的结晶和瑰宝，其中蕴含着丰富的思想智慧、道德规范和审美情趣。我们在制订文化育人目标时应该注重传承这些优秀传统文化的精髓和价值观念，让学生在学习过程中感受到中华文化的博大精深和独特魅力。例如，我们可以通过开设经典诵读课程来让学生领略古代诗词的韵律之美和意境之深；我们还可以通过组织传统节日庆祝活动如春节、中秋节等来让学生了解中华民族的传统习俗和文化内涵；我们甚至可以邀请民间艺人进校园表演非物质文化遗产项目如京剧、剪纸等来激发学生对传统文化的兴趣和热爱。这些举措不仅能够让学生在学习过程中深入了解中华优秀传统文化的精髓和价值观念，还能够培养他们的民族自豪感和文化自信心。

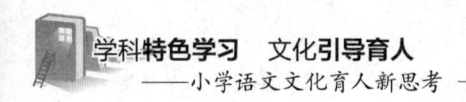

第二节　多维深度挖掘教材中的文化元素

小学语文教材如同一座丰富多彩的文化宝库，既蕴藏着汉字的智慧、诗词的韵味、美德的典范，又展现了历史的厚重、地域的风情、科技的魅力，更融合了国际化的视野、文学的精粹。而挖掘这些文化元素的方式则如同开启宝库的钥匙，文本细读如拂去历史尘埃，背景拓展似追溯文化源流，对比分析揭示文化多彩，实践体验让学生与文化亲密接触，多媒体辅助则让文化元素在现代科技的翅膀下飞入学生心中。

一、小学语文教材中的文化元素类型

小学语文教材宛如一幅绚丽多彩的文化画卷，汉字文化、古代诗词、传统美德、历史知识、地域风情、科技之光、国际视野以及古今文学精粹等文化元素交织其中，共同构成了学生感悟中华文化博大精深、领略世界文化多彩魅力的精神家园。

（一）汉字文化

汉字，作为中华文化的根基和精髓，不仅承载着千年的历史沧桑，更体现了中华民族的智慧和创造力。每一个汉字都是一幅画、一个故事、一段历史。学生学习汉字，不仅是在识字认字，更是在感悟和传承中华优秀传统文化。

汉字的形成与发展，经历了漫长的岁月。从甲骨文、金文到小篆、隶书、楷书，每一个演变过程都凝聚了无数先人的心血和智慧。这些汉字不仅记录了古代社会的生产生活、战争和平、文化艺术等方方面面的信息，更反映了中华民族的思维方式、价值观念和审美情趣。

在小学语文教材中，汉字的学习贯穿始终。从最初的识字教学，到后来的阅读、写作，汉字始终是学生学习语文的基础和重点。通过学习汉字，学生能够了解到汉字的构造原理、文化内涵和历史背景，从而更加深入地理解中华文化的精髓和魅力。

例如，在学习"识字"这一单元时，学生会接触到许多与自然、生活、动物等相关的汉字。这些汉字不仅形象生动，而且富有文化内涵。如"日""月""水""火"等汉字，它们不仅表示了太阳、月亮、水、火等自然现象和物质，更蕴含了古代人民对自然的敬畏和崇拜之情。学生在学习这些汉字时，不仅能够掌握其字形和字义，更能够感受到中华文化的博大精深和源远流长。

（二）古代诗词文化

古代诗词是中华文化的瑰宝，以其高度凝练的语言、深邃的思想情感和独特的艺术魅力，成为培养学生人文素养和审美能力的重要媒介。小学语文教材中选取了大量的古代诗词作品，如《静夜思》《春晓》《望庐山瀑布》等，这些诗词不仅文质兼美，而且脍炙人口，深受学生喜爱。

在学习古代诗词的过程中，学生不仅能够欣赏到诗词的韵律美和意境美，更能够感受到中华文化的博大精深和源远流长。古代诗词中蕴含着丰富的历史文化信息，反映了不同历史时期的社会风貌和人文精神。通过学习古代诗词，学生能够了解到古代社会的风土人情、文化习俗和价值观念，从而更加全面地认识中华文化。

例如，在学习李白的《静夜思》时，学生可以通过诗人对月光的描绘和思乡的情感表达，感受到诗人内心的孤独和寂寞。这首诗也反映了古代人民对月亮的特殊情感和崇拜之情。在学习杜牧的《清明》时，学生可以通过诗人对清明时节的描绘和行人的情感表达，感受到诗人对生命的敬畏和对自然的热爱。这些诗词不仅给学生带来了美的享受，更让他们在潜移默化中受到了中华文化的熏陶和感染。

（三）传统美德故事

传统美德故事是小学语文教材中的重要内容之一，传统美德故事以生动的人物形象和感人的故事情节为载体，向学生传递了中华民族的传统美德和道德观念。通过学习这些故事，学生能够树立正确的价值观和人生观，培养良好的道德品质和社会责任感。

《囊萤夜读》讲述了古代学者车胤因为家境贫寒，常常没有油来点灯，所以在夏天的夜晚会捕捉萤火虫用以照明，最终他因为学识渊博而做了会稽太守。这个故事向学生们展示了在艰难环境下依然坚持学习的精神。通过学习这个故事，学生们可以理解到，无论环境多么艰苦，只要我们有坚定的意志和不懈的努力，就一定能够克服困难，实现自己的目标。这种精神不仅体现了中华民族的传统美德，也是学生们在学习过程中需要培养和坚持的品质。

而《铁杵成针》的故事则讲述了李白小时候逃学，遇到一位正在磨铁杵的老奶奶，她告诉李白，只要功夫深，铁杵也能磨成针。李白深受感动，从此勤奋学习，成为一位伟大的诗人。这个故事告诉学生们，只要有恒心和毅力，再困难的事情也能克服。这种精神体现了中华民族的传统美德中坚持不懈、勇往直前的品质，也是学生们在面对困难和挑战时需要具备的精神力量。

通过学习这两个传统美德故事，学生们不仅可以了解到古代人们的道德风貌和人文精神，更能够在心灵深处受到触动和启迪，从而树立正确的价值观和人生观，培养良好的道德品质。这些故事不仅丰富了小学语文教材的内容，也为学生们提供了宝贵的精神食粮。

（四）历史文化知识

小学语文教材，如同一座历史文化知识的宝库，蕴藏着丰富的人物传记、事件回顾和文物描绘。这些历史知识不仅是了解过去的钥匙，更是培养学生文化素养、塑造民族精神的重要媒介。学生在学习中，通过对这些历史人物和事件的了解，能逐渐建立对中华文化的认同感和归属感。

在众多的小学语文课文中，我们可以看到一系列历史人物的形象，他们有的是政治家、思想家，有的是文学家、科学家，还有的是普通民众中的杰出代表。比如，《西门豹治邺》向学生们展示了历史人物西门豹的形象。西门豹是战国时期的一位杰出政治家，他智慧过人、正气凛然。在《西门豹治邺》这篇课文中，学生们可以了解到西门豹如何巧妙地揭露和惩治了地方上的贪官污吏，以及他如何通过改革和治理，使得邺地的人民过上了更好的生活。西门豹的聪明才智和为民除害的决心，深深地打动了人们的心。通过学习这篇课文，学生们不仅可以了解到西门豹的生平事迹和政治功绩，更能够感受到他那种勇于改革、追求公平正义、为民造福的伟大精神。这种精神对于学生们的成长具有重要的启示作用，它鼓励学生们在面对不公和不义时，要勇于站出来说话，用自己的行动去改变世界。

除了人物传记，小学语文教材中还有许多以历史事件为主题的课文。比如，《草船借箭》以生动的语言和精彩的故事情节再现了三国时期的著名战役。学生通过学习这篇课文，可以了解到三国时期的历史背景、政治格局和军事策略，更能够感受到那个时代的英勇和智慧。

小学语文教材还包含了许多与文物、古迹相关的知识。比如，《秦兵马俑》一课，介绍了被誉为"世界第八大奇迹"的秦兵马俑的发现和研究情况。学生通过学习这篇课文，可以了解到秦兵马俑的制作工艺、艺术价值和历史意义，更能够感受到中华文明的璀璨和辉煌。

这些历史文化知识不仅让学生了解到中华民族的过去和现在，更激发了他们对未来的向往和追求。通过学习这些课文，学生能逐渐树立正确的历史观、文化观和价值观，成为有担当、有责任的新时代好少年。

（五）地域文化特色

中国是一个地域辽阔、文化多样的国家。小学语文教材作为传承中华优秀传统文化的重要载体，不仅涵盖了丰富的历史文化知识，还展现了祖国各地的地域文化特色。通过学习这些内容，学生能够更加全面地了解祖国的风土人情和地域特色，增强对民族文化的认同感和归属感。

在众多的小学语文课文中，我们可以看到许多描写北方风光的文章。比如，《长城》一课以雄伟壮丽的语言描绘了长城的巍峨壮观和历史文化价值。学生通过学习这篇课文，可以了解到长城的地理位置、建筑特点和军事作用，更能够感受到北方人民的勤劳、智慧和坚韧不拔的精神风貌。比如，《北京的春节》等课文则向学生展现了北方地区的年俗文化和传统节日氛围。

小学语文教材还包含了许多描写南方水乡风情的文章。比如，《桂林山水》一课以清新优美的语言描绘了桂林山水的秀丽风光和独特魅力。学生通过学习这篇课文，可以领略到南方地区的自然景观、人文景观和审美情趣，更能够感受到南方人民的温婉、细腻和热爱生活的情感表达。《威尼斯的小艇》等外国文学作品也被选入教材中，让学生通过对比了解不同地域的文化特色。

除了南北地域文化的对比展示外，小学语文教材还注重挖掘各地区独特的地域文化资源。比如，《黄山奇石》《日月潭》等课文分别向学生介绍了黄山奇石的奇特景观、日月潭的美丽风光以及与之相关的历史传说和民间故事。这些课文内容丰富多彩、生动有趣，不仅激发了学生的阅读兴趣和学习热情，更让他们在潜移默化中受到了地域文化的熏陶和感染。

通过学习这些具有地域特色的课文内容，学生能够更加全面地了解祖国各地的风土人情和地域特色。他们不仅可以领略到不同地域的自然景观和人文景观之美，更能够感受到不同地域人民的智慧、情感和精神风貌之异。对地域文化的认知和体验有助于学生形成开放包容的文化心态和多元一体的文化观念。

（六）科技文化知识

科技文化是现代社会中不可或缺的重要组成部分。小学语文教材在传授语言文字知识的同时也注重渗透科技文化元素，以培养学生的科学素养和创新精神。这些科普文章不仅让学生了解到科技的发展历程和前沿知识，还激发了他们对未知世界的好奇心和探索欲望。

例如，《夜间飞行的秘密》这篇科普文章，通过讲述蝙蝠如何在夜间飞行而不撞到障碍物，进而引出雷达的工作原理。这篇文章以生动的语言和有趣的故事情节，向学生展示了科技与自然之间的奇妙联系。学生在学习过程中，不仅能够了解到雷达的发展历程和应用领域，还能够对蝙蝠的飞行特性有更深入的认识。这样的学习内容不仅培养了学生的科学素养，还激发了他们的想象力和创造力。

另一篇科普文章《太空生活趣事多》则向学生介绍了太空中的生活环境和宇航员的工作状态。文章通过描绘宇航员在太空中的日常生活，如吃饭、睡觉、洗澡等，让学生感受到太空生活的独特之处。文章还介绍了太空科技的最新成果和发展趋势，如太空站的建设、火星探测等。学生在学习这篇文章时，不仅能够了解到太空科技的前沿知识，还能够对宇航员的勇敢和奉献精神产生敬意。

《纳米技术就在我们身边》这篇课文向学生揭示了现代科技在纳米领域的惊人进展。文章详细阐述了纳米技术的概念、特点及其在众多领域中的应用，如纳米机器人在医疗领域的应用，纳米涂层在日常生活用品中的使用，等等。学生在学习这篇课文时，可以深入了解纳米技术的微观世界以及其带来的革命性变化。通过学习，学生不仅能够领略到纳米技术的神奇和前沿性，同时也能够对"科技改变生活"这一观念有更直观、更深刻的理解。这样的科普教学内容不仅有助于提升学生的科学素养，让他们对科学产生浓厚的兴趣和好奇心，还能进一步激发他们的创新思维和探索精神。通过学习纳米技术，学生能更深刻地认识到科技的力量，以及它在未来社会中的无限可能。

通过对这些科普文章的学习，学生能逐渐建立对科技发展的正确认知和价值观念。他们开始明白科技不仅是一种推动社会进步的力量，更是一种改变生活方式和提高生活质量的手段。对科技文化的认同感有助于学生更好地适应未来社会发展的需要。也培养了他们的创新精神和实践能力，为未来的科技创新和社会发展奠定了坚实的基础。

（七）国际文化元素

在全球化日益盛行的今天，培养学生的国际视野和跨文化交际能力显得尤为重要。小学语文教材作为基础教育的重要载体，承担着传授语言文化知识、塑造学生世界观的重要任务。为了让学生更好地了解世界各地的文化，教材中巧妙地融入了丰富的国际文化元素。

这些国际文化元素以世界各地的风土人情、文化习俗为主要内容，通过生动有趣的课文和丰富多彩的图片，向学生展示了一个多元文化的世界。例如，《威尼斯的小艇》一课不仅让学生领略了威尼斯这座水上城市的独特风光，还让他们了解了威尼斯人的生活方式和文化传统。课文中对小艇的细致描绘，以及威尼斯人乘坐小艇穿梭于城市之间的场景，都让学生感受到了这座城市的魅力和活力。

除了欧洲文化，小学语文教材也广泛涉及亚洲、非洲、拉丁美洲等多个地区的文化。以《金字塔》一课为例，这篇课文带领学生领略了古埃及文明的辉煌与神秘。在《金字塔》这篇课文中，学生们可以了解到金字塔作为古埃及文明的标志性建筑，其雄伟壮观的外形和精湛的建筑技艺都令人叹为观止。金字塔的建造不仅体现了古埃及人民的智慧和勤劳，更揭示了他们对死后世界的信仰和追求。通过学习这篇课文，学生们能够感受到古埃及文化的深厚底蕴和独特魅力。他们也会意识到不同国家和地区有着各自独特的文化传统和历史遗迹，这些都是人类共同的宝贵财富。我们应该尊重并理解这些文化差异，以开放和包容的心态去欣赏和学习其他国家和地区的优秀文化。

小学语文教材还通过选入一些具有国际影响力的文学作品，让学生接触到更广阔的世界。例如，《安徒生童话》《格林童话》等世界著名童话作品的选入，不仅丰富了学生的阅读体验，还让他们了解到了不同文化背景下的童话故事和人物形象。这些作品以其独特的艺术魅力和深刻的思想内涵，吸引了学生的阅读兴趣，并激发了他们的想象力和创造力。

通过学习这些具有国际文化元素的课文内容，学生可以更加全面地了解世界各地的文化特色和价值观念。他们开始明白不同国家和地区有着不同的历史传统、风俗习惯和社会制度，这些差异构成了世界文化的多样性和丰富性。这也培养了学生的全球意识和国际竞争意识，为他们未来在国际舞台上发挥更大作用奠定了基础。

（八）古今中外文学元素

文学是人类精神世界的瑰宝，也是文化传承的重要载体。小学语文教材作为基础教育的重要组成部分，不仅注重语言文字知识的传授，还注重对学生文学素养的熏陶和培养。为了让学生更好地了解人类文化的多样性和丰富性，教材中融入了古今中外的文学元素。

在古代文学方面，小学语文教材选取了一些经典的名著故事和诗词作品。例如，《红楼梦》中的《红楼春趣》一节，让学生领略到古典小说的魅力和人物形象的生动性；李白的《静夜思》、王之涣的《登鹳雀楼》等经典诗词的选入，则让学生感受到古代诗歌的韵律美和意境深远。这些古代文学作品以其独特的艺术风格和深刻的思想内涵，吸引了学生的阅读兴趣，并丰富了他们的文学素养。

在现代文学方面，小学语文教材则注重选入具有时代特色和艺术价值的作品。例如，老舍的《猫》《母鸡》等现代著名儿童文学作品被选入教材，这些作品以其贴近儿童生活、富有童趣的特点，深受学生喜爱。一些具有深刻思想内涵和独特艺术风格的现代诗歌、散文等也被选入教材，如冰心的《短诗三首》、朱自清的《匆匆》等，这些作品让学生感受到现代文学的多样性和创新性。

除了中国文学，小学语文教材还注重选入外国文学作品，以让学生接触到不同文化背景下的文学风格和思想观念。例如，《在牛肚子里旅行》《卖火柴的小女孩》等经典童话故事被选入教材中，这些作品以其奇幻的想象和深刻的寓意吸引了学生的注意力。一些外国著名儿童小说、诗歌等也被选入教材中，如马克·吐温的《汤姆·索亚历险记》节选、瑞典女作家塞尔玛·拉格洛芙的《骑鹅旅行记》节选等，这些作品让学生感受到了外国文学的魅力和思想深度。

通过学习这些古今中外的文学作品，学生可以更加深入地了解人类文化的多样性和丰富性。他们开始明白不同时代、不同地域的文学作品有着不同的艺术风格和思想内涵，这些差异构成了世界文学的多样性和创新性。这也培养了学生的审美情趣和人文素养，为他们未来更好地欣赏和理解文学作品奠定了基础。

二、小学语文教材中的文化元素挖掘方式

小学语文教材中的文化元素，如同璀璨的星辰，通过文本细读、背景拓展、对比分析、实践体验以及多媒体辅助等挖掘方式，我们可以探寻其深邃的内涵，感受其独特的魅力，让学生在文化的海洋中遨游，领略中华文化的博大精深。

（一）文本细读法

文本细读法是一种深入、细致的阅读方法，它要求读者逐字逐句地阅读文本，理解其字面意思，同时挖掘其背后的文化内涵和象征意义。在小学语文教

材中，许多课文都蕴含着丰富的文化元素，这些元素往往隐藏在字里行间，需要通过文本细读法来发现和解读。

例如，古诗词是小学语文教材中常见的文学体裁，也是中华文化的瑰宝。古诗词中蕴含着丰富的历史、哲学、艺术等文化元素，这些元素需要通过文本细读法来深入挖掘。在阅读古诗词时，我们不仅要理解其字面意思，更要关注其背后的文化内涵和象征意义。比如，李白的《静夜思》中"床前明月光，疑是地上霜。举头望明月，低头思故乡"这几句诗，字面上描述的是作者在静夜中看到明月、思念故乡的情景，但通过文本细读，我们可以发现其中蕴含的更深层次的文化内涵：诗人对故乡的深深眷恋和对人生的无限感慨。

除了古诗词，小学语文教材中的其他课文也蕴含着丰富的文化元素。例如，一些描写传统节日、风俗习惯、历史人物等的课文，都需要通过文本细读法来深入理解和挖掘其文化内涵。在阅读这些课文时，我们要关注其中的人物形象、故事情节、环境描写等细节，从中发现文化元素的踪迹，进而理解其文化内涵和价值。

（二）背景拓展法

背景拓展法是一种通过查阅相关资料、引用历史故事、介绍地域风情等方式来拓展和延伸教材内容的文化元素挖掘方法，可以帮助学生更加全面地了解文化元素的起源和发展，加深对文化内涵的理解。

例如，在学习小学语文教材中的一些描写传统节日的课文时，教师可以通过背景拓展法来介绍这些节日的历史渊源、文化习俗和象征意义。比如，春节是中国最重要的传统节日之一，教师可以通过查阅资料、引用历史故事等方式来介绍春节的起源、发展历程和文化内涵。教师还可以结合地域风情来介绍不同地区的春节习俗和特色，让学生更加全面地了解春节的文化元素。

除了传统节日，小学语文教材中还涉及许多历史人物、名胜古迹等文化元素。在学习这些课文时，教师也可以通过背景拓展法来介绍相关的历史背景、人物传记、地域文化等，帮助学生更加深入地理解这些文化元素的内涵和价值。例如，在学习描写长城、故宫等名胜古迹的课文时，教师可以通过介绍这些建筑的历史背景、建筑风格、文化内涵等方面来拓宽学生的视野和知识面。

（三）对比分析法

对比分析法是一种将不同地域、不同时代的文化元素进行对比分析的方法，旨在揭示其异同点和特色。通过对比分析，学生可以更加清晰地了解不同文化背景下的文化元素之间的差异和联系，加深对多元文化的理解和尊重。

例如，在学习小学语文教材中的一些描写中外节日的课文时，教师可以通过对比分析法来比较中国传统节日与西方节日之间的异同点和特色。比如，春节和圣诞节分别是中国和西方最重要的传统节日之一，教师可以通过对比分析来介绍这两个节日的起源、发展历程、文化习俗和象征意义等方面的异同。通过这样的对比分析，学生可以更加清晰地了解不同文化背景下的节日习俗和价值观念之间的差异和联系。

除了中外节日的对比，小学语文教材中还涉及许多不同地域、不同时代的文化元素之间的对比。例如，在学习描写古代和现代生活的课文时，教师可以通过对比分析来揭示古代和现代生活方式、价值观念等方面的变化和发展。通过这样的对比分析，学生可以更加深入地理解历史的发展和社会的进步对文化元素的影响和塑造作用。

（四）实践体验法

实践体验法是一种通过组织学生进行实践活动来让他们亲身体验文化元素的魅力的方法，可帮助学生更加直观地感受和理解文化元素，加深对文化内涵的领悟和记忆。

例如，在学习小学语文教材中的一些描写传统节日的课文时，教师可以组织学生进行相关的实践活动来让他们亲身体验节日的文化氛围和习俗。比如，在春节期间，教师可以组织学生参加包饺子、贴春联、赏花灯、贴窗花等传统习俗活动；在端午节期间，教师可以组织学生参加包粽子、挂艾草、佩香囊等实践活动。通过这样的实践活动，学生可以更加直观地感受和理解传统节日的文化内涵和价值观念。

除了传统节日的实践体验外，小学语文教材中还涉及许多其他类型的文化元素的实践体验活动。例如，在学习描写地域文化的课文时，教师可以组织学生进行地域文化的探访活动；在学习描写历史人物的课文时，教师可以组织学生进行历史人物的角色扮演活动等。这些实践活动可以帮助学生更加深入地了解和感受文化元素的魅力和价值。

（五）多媒体辅助法

多媒体辅助法是一种利用多媒体手段来呈现文化元素的方法，通过利用图片、视频、音频等多媒体资源，将文化元素以更加直观、生动的方式呈现给学生，激发学生的学习兴趣和好奇心。

例如，在学习小学语文教材中的一些描写名胜古迹的课文时，教师可以利用多媒体手段来展示这些名胜古迹的图片和视频资料。通过观看这些直观、生动的多媒体资料，学生可以更加清晰地了解这些名胜古迹的建筑风格、历史背景和文化内涵等方面的信息。多媒体资源还可以帮助学生更加深入地感受这些名胜古迹所蕴含的文化魅力和价值。

除了名胜古迹的多媒体展示外，小学语文教材中还涉及许多其他类型的文化元素的多媒体辅助呈现。例如，在学习描写传统艺术的课文时，教师可以利用多媒体手段来展示相关的艺术作品和表演视频；在学习描写地域风情的课文时，教师可以利用多媒体手段来展示相关的风景图片和旅游视频等。这些多媒体资源可以帮助学生更加全面地了解和感受文化元素的魅力和价值。

第三节 创新教学方式与方法

在小学语文教学的探索中，教师们不断革新教学方法，以文化育人为核心，传承中华文化之精髓。情境、互动、实践、游戏、跨学科整合等教学法如璀璨星辰，照亮学生求知的道路。而项目式与大单元教学法更是如双翼般，助力学生在系统学习中翱翔于知识的天空，既激发学生兴趣，又培养学生综合素养，使语文教学焕发新的生机与活力，让文化的种子在学生们心中生根发芽，开出绚烂的花朵。

一、情境教学法：身临其境的语文之旅

情境教学法，作为一种深受教师和学生欢迎的教学方法，强调在教学过程中创设与教学内容相关的生动、具体的情境。情境教学方法在语文教学中尤为重要，因为它能够帮助学生更好地理解文学作品中的情境、情感和意境。

在教授古诗词时，情境教学法的优势尤为明显。传统的古诗词教学往往停留在对字词的解析和诗句的翻译上，这样的教学方式很难让学生真正感受到诗词的美。而通过情境教学法，教师可以利用多媒体展示与诗词相关的历史背景、自然风光或人物形象，将学生带入一个仿佛身临其境的情境中。

例如，在讲解王之涣的《登鹳雀楼》时，教师可以展示唐朝时期的建筑风格、黄河的壮观景象以及鹳雀楼的历史背景。当学生看到这些生动的画面时，他们仿佛能够穿越时空，站在鹳雀楼上，与诗人一同感受"白日依山尽，黄河入海流"的壮丽景色。这样的教学方式不仅增强了学生对诗词的代入感和体验感，还使他们在情境中更加深入地理解诗词的意境和情感。

情境教学法还可以通过角色扮演、情境模拟等方式进行。教师可以组织学生扮演诗词中的人物，通过对话、表演等形式再现诗词中的情境。这样的活动不仅能够激发学生的学习兴趣，还能够培养他们的想象力和创造力。

二、实践教学法：语文学习的社会大课堂

实践教学法是一种强调通过实践活动来促进学生理解和学习的教学方法。在语文教学中，实践教学法的应用意味着将课堂知识与实际生活、社会文化紧密结合起来，让学生在实践中感受和理解语文知识。

组织学生进行实地考察是实践教学法的常见形式之一。例如，教师可以带领学生参观历史博物馆、文化遗址等，让学生亲眼看到、亲手触摸到中华文化的实物载体。在博物馆里，学生可以亲眼看到古代的瓷器、书画、兵器等文物，感受中华文化的博大精深。在文化遗址前，他们可以聆听导游讲述古人的生活、战争、文化等方面的故事，深入了解历史背景和文化内涵。

除了实地考察，社会实践也是实践教学法的重要方式。教师可以鼓励学生参与社区的文化活动、传统节日的庆祝等，让学生在实践中感受语文知识的实际应用。例如，在春节期间，学生可以参与春联的书写、灯笼的制作等活动，亲身体验中华传统文化的魅力。

实践教学法的优势在于它能够培养学生的实践能力和社会责任感。通过参与实践活动，学生不仅能够将课堂上学到的知识应用到实际中，还能培养他们的观察能力、分析能力和解决问题的能力。实践活动往往需要学生与他人合作完成，这也能够培养他们的团队合作精神和沟通能力。

三、游戏教学法：寓教于乐的语文游戏世界

游戏教学法，顾名思义，是通过设计富有趣味性和挑战性的游戏来教授知识的一种教学方法。在语文教学中，游戏教学方法不仅能够让学生在轻松愉快的氛围中掌握语文知识，还能够激发他们的学习兴趣和积极性，从而提高学习效率。

成语接龙、诗词填空等游戏都是游戏教学法的经典案例。在这些游戏中，

学生需要运用所学的语文知识来完成任务，如成语的积累、诗词的记忆和理解等。通过游戏的形式，这些知识不再枯燥无味，而是变得生动有趣，更容易被学生接受和记忆。

除了传统的游戏形式，教师还可以结合现代科技手段，设计更多元化、互动性更强的语文游戏。例如，可以利用多媒体技术设计互动式的诗词赏析游戏，让学生在游戏中欣赏诗词的美，感受诗词的意境和情感。这样的游戏不仅能够提高学生的文学素养，还能够培养他们的审美能力和创造力。

游戏教学法的优势在于它能够激发学生的学习兴趣和积极性。在游戏中，学生需要主动参与、积极思考才能够完成任务。这样的学习过程不仅能够提高学生的注意力集中度和思维能力，还能够培养他们的自主学习能力和解决问题的能力。

游戏教学法还能够促进学生的合作学习。在游戏过程中，学生需要相互协作、共同完成任务。这样的合作过程不仅能够培养学生的团队合作精神和沟通能力，还能够让他们在游戏中互相学习、互相进步。

四、跨学科整合法：打破学科壁垒的语文教学新路径

跨学科整合法是一种将不同学科的知识、方法和技能进行整合，形成综合性的课程体系的教学方法。在语文教学中，跨学科整合法的应用意味着将语文教学与其他学科进行有机融合，让学生在学习语文知识的同时了解相关的历史背景、艺术表现形式等，从而拓宽他们的知识视野，提高他们的综合素养。

语文教学与历史学科的整合是一个典型的例子。在学习古代文学作品时，教师可以结合历史背景，讲解当时的社会环境、政治经济状况以及作者的生平事迹等。这样的教学方式不仅能够帮助学生更好地理解文学作品的内容和情感，还能够让他们对历史事件和人物有更深入的了解。

语文教学与艺术学科的整合也同样具有意义。在学习诗词、散文等文学作品时，教师可以引入相关的绘画、音乐作品，让学生从不同的艺术角度感受和理解文学作品的美。例如，在学习王维的山水诗时，教师可以展示古代山水画

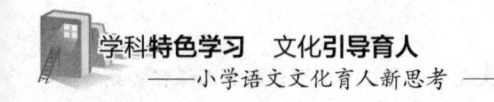

作品，让学生感受诗画相融的意境美。

跨学科整合法的优势在于它能够打破学科壁垒，促进不同学科之间的交流和融合。在这样的教学过程中，学生不仅能够掌握语文知识，还能够了解其他学科的知识和方法，形成更加完整的知识体系。跨学科整合法还能够培养学生的综合素养，提高他们的创新能力和解决问题的能力。

然而，跨学科整合法的实施也面临一些挑战。首先，教师需要具备跨学科的知识和技能，才能够将不同学科的内容进行有机融合。其次，学校需要提供相应的课程资源和教学环境，支持跨学科整合法的实施。最后，学生也需要具备一定的跨学科学习能力和思维习惯，才能够适应这种综合性的学习方式。

五、项目式教学法：小学语文教学的体系化创新

项目式教学法，作为一种新兴的教学方法，以学生为中心，以项目完成为导向，鼓励学生在实际操作中学习和理解知识。在小学语文教学中，项目式教学法的应用不仅能够有效激发学生的学习兴趣和积极性，还能够提高他们的自主学习能力和问题解决能力。

以"家乡的文化"项目为例，教师可以设计一系列的任务和活动，引导学生深入了解家乡的历史文化、风土人情等。学生可以分组进行田野调查，收集家乡的历史传说、民俗习惯等资料；也可以访问当地的老人、文化工作者等，听取他们对家乡文化的讲述和解释。在这个过程中，学生不仅能够亲身感受到家乡文化的魅力，还能够培养他们的观察、访谈、整理资料等实践能力。

项目式教学法的优点之一在于它能够激发学生的学习兴趣和积极性。与传统的填鸭式教学相比，项目式教学法更加注重学生的主体地位和主动性。在完成项目的过程中，学生需要根据自己的兴趣和能力选择研究方向和方法，自主选择的过程本身就能够激发学生的学习兴趣。

项目的完成需要学生付出一定的努力和时间，这也能够培养学生的耐心和毅力。

项目式教学法还能够提高学生的自主学习能力和问题解决能力。在项目的完成过程中，学生需要独立思考、自主学习，寻找解决问题的方法和途径。自

主学习的过程不仅能够丰富学生的知识储备，还能够培养他们的学习能力和问题解决能力。这些能力对学生未来的学习和生活都具有重要的意义。

项目式教学法也有助于培养学生的合作精神和创新意识。在项目中，学生需要分组合作，共同完成任务。合作的过程不仅能够培养学生的团队合作精神和沟通能力，还能够让他们在互相学习、互相启发的过程中产生新的想法和创意。这些创意不仅能够丰富项目的内容，还能够为学生的学习和生活带来新的可能性。

六、大单元教学法：构建小学语文整体化知识体系

大单元教学法是一种将多个相关知识点整合在一起，形成一个相对独立、完整的教学单元的教学方法。在小学语文教学中，大单元教学法的应用能够帮助学生建立系统的知识体系，提高他们的综合素养和知识迁移能力。

以"春天"大单元为例，教师可以将与春天相关的课文、诗词、知识点等整合在一起，形成一个有主题、有目标、有评价的教学单元。在这个单元中，学生可以通过阅读课文、赏析诗词、观察自然等方式，全面了解春天的文化内涵和特点。教师还可以设计一系列的活动和任务，引导学生在实践中感悟春天的美好和魅力。

大单元教学法的优点之一在于它能够帮助学生建立系统的知识体系。在传统的教学中，知识点往往是零散、碎片化的，学生很难将它们有机地联系起来。而大单元教学法通过将相关的知识点整合在一起，形成一个相对独立、完整的教学单元，帮助学生建立起一个清晰、系统的知识体系，能够提高学生的记忆效果和理解能力，为他们的后续学习打下坚实的基础。

大单元教学法还能够提高学生的综合素养和知识迁移能力。在大单元教学中，学生不仅需要掌握相关的知识点，还需要运用所学的知识解决实际问题。问题解决的过程不仅能够提高学生应用知识的能力和实践能力，还能够培养他们的创新思维和批判性思维。大单元教学法还能够引导学生学会学习、学会合作、学会创新等多方面的能力，为他们的未来发展奠定坚实的基础。

对于教师而言，大单元教学法也有助于提高教学效率和教学质量。在传

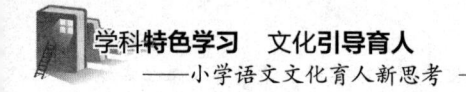

统的教学中，教师需要花费大量的时间和精力去准备琐碎的教学内容和教学活动。而大单元教学法通过将相关的知识点整合在一起，形成一个相对独立、完整的教学单元，使得教学内容更加集中、教学活动更加有针对性。这不仅能够减轻教师的负担，还能够提高教学效率和教学质量。

第四节　构建多元化评价体系

构建多元化评价体系，是小学语文文化育人中的创新之举。它以多元的评价标准、灵活的评价策略、多样的评价方法和广泛的评价主体，共同绘制出学生语文学习的立体画卷，既全面又深入。这一体系如春风化雨，滋润着学生的心田，让他们在语文的世界里自由翱翔，感受文化的魅力，提升综合素养。它不仅为教学改进指明了方向，更为学生的全面发展插上了腾飞的翅膀。

一、评价标准的多元化

评价标准的多元化是现代教育评价的重要特征之一，它强调在评价学生的语文学习时，不应仅仅局限于单一的知识掌握情况，而应全面关注学生的能力、情感态度、价值观等多个方面的发展，以及语文核心素养的提升。

（一）知识掌握与语文基础

知识掌握是语文学习的基础，也是传统评价中最为关注的一点。在多元化的评价标准下，我们依然要重视学生对语文基础知识和基本技能的掌握情况，如汉字书写的规范性、词语积累的丰富性、阅读理解的深度等。这些基础知识和技能的掌握，是学生形成语文核心素养的重要基石。

语文核心素养也强调学生的语言建构与运用能力。在评价学生的知识掌握情况时，我们应注重学生对语言文字的感知、理解和运用能力，以及在不同语境中运用语言进行表达和交流的能力。通过课堂表现、作业完成情况、课外阅读情况等多个方面的综合评价，我们可以更全面地了解学生的语言建构与运用水平，从而为教学提供有针对性的指导。

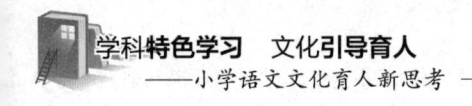

（二）能力发展与思维品质

除了知识掌握外，能力发展也是多元化评价标准的重要方面之一。在小学语文课程的学习中，学生不仅需要具备应用能力、创新能力和批判性思维能力，还需要形成良好的思维品质。这些能力和思维品质的发展，对于学生未来的学习和生活都具有重要的意义。

应用能力是指学生能够将所学知识应用到实际情境中去解决问题的能力。评价时，可以设置具有实际背景的问题或任务，引导学生运用所学知识进行解答或完成，从而了解他们的应用能力和思维灵活性。

创新能力则要求学生在面对问题时能够提出新颖、独特的解决方案。在小学语文课程的学习中，这表现为学生在写作、口语表达等方面的独特性和创造性。评价时，应鼓励学生进行自由创作、发表独立见解等，以激发他们的创新意识和创造力。

批判性思维能力是学生在面对问题时能够进行独立思考、分析判断并提出合理见解的能力。评价时，可以设置具有争议性的话题或问题，引导学生进行讨论和辩论，以培养他们的批判精神和辩证思维。

语文核心素养也强调学生的思维发展与提升。在评价过程中，我们应关注学生的思维能力、思维品质和思维习惯的培养，引导他们形成敏捷、深刻、灵活和批判性的思维。通过这样的评价方式，我们可以更好地促进学生的思维发展和语文核心素养的提升。

（三）情感态度与审美鉴赏

情感态度是指学生对待语文学习的态度和兴趣以及在学习过程中表现出的情感变化等。在多元化的评价标准下，情感态度也是评价学生语文学习的重要方面之一。具体来说，我们可以从以下几个方面来评价学生的情感态度：学习语文的态度是否积极主动、学习语文的兴趣和动机是否强烈和明确、在学习过程中表现出的情感变化是否积极和健康等。

语文核心素养也强调学生的审美鉴赏能力与创造能力。在评价过程中，我们应关注学生的审美感受和鉴赏能力，以及他们在语文学习中表现出的创造力和想象力。通过引导学生欣赏优秀的文学作品、进行文学创作等活动，我们可以培养他们的审美情趣和创造力，从而提升他们的语文核心素养。

（四）价值观形成与文化传承

价值观形成是指学生在小学语文学习过程中对文化的理解和认同以及形成的价值观念和道德观念。在多元化的评价标准下，价值观形成也是评价学生语文学习的重要方面之一。具体来说，我们可以从以下几个方面来评价学生的价值观形成：对文化的理解和认同是否深刻和全面、形成的价值观念和道德观念是否正确和积极、对社会现实的关注和思考是否敏锐和有深度等。

语文核心素养也强调学生对文化的传承与理解。在评价过程中，我们应关注学生是否能够通过语文学习了解和传承中华优秀传统文化、是否具备跨文化交流的能力以及对多元文化的理解和尊重。通过这样的评价方式，我们可以更好地引导学生形成正确的文化观念和价值观念，从而培养他们的文化自信和民族自豪感。

二、评价策略的多元化

评价策略的多元化是现代教育评价体系中的重要组成部分。它强调在评价学生的语文学习时，应根据不同的评价目标和内容，灵活运用多种评价策略，以全面、客观、准确地反映学生的学习情况，为教学改进提供有力依据。

（一）量化评价与质性评价相结合

量化评价是通过数量化的方法对学生的学习成果进行客观、准确地测量和评价。在小学语文课程的学习中，量化评价可以通过测试、考试等方式，对学生的知识掌握、技能运用等方面进行量化打分，以客观反映学生的学习水平。然而，量化评价往往过于注重结果，忽视了学生的学习过程和情感体验。

质性评价则强调对学生的学习过程、方法、情感态度等方面进行深入、全面的评价。在小学语文课程的学习中，质性评价可以通过观察、记录、访谈等方式，了解学生的学习态度、兴趣、习惯以及在学习过程中的表现和努力程度。质性评价能够真实反映学生的学习状态和成长变化，为教学改进提供更为丰富的信息。

因此，在评价学生的语文学习时，应将量化评价与质性评价相结合。通过量化评价了解学生的学习成果和水平,同时运用质性评价关注学生的学习过程和情感体验,以全面、准确地反映学生的学习情况。这一评价方式既关注结果又关注过程,既客观又主观,能够更全面地评价学生的语文学习。

(二)形成性评价与终结性评价相补充

形成性评价是在教学过程中进行的评价,旨在及时了解学生的学习情况,为教学调整提供依据。在小学语文课程的学习中,形成性评价可以通过课堂观察、作业批改、小组讨论等方式进行。通过形成性评价,教师可以及时发现学生在学习中存在的问题,调整教学策略,帮助学生改进学习方法,提高学习效果。

终结性评价是在教学结束后进行的评价,旨在总结学生的学习成果,评定学生的学习水平。在小学语文课程的学习中,终结性评价通常通过期末考试、总结性作业等方式进行。终结性评价能够全面反映学生在一段时间内的学习成果和进步情况,为教学改进提供重要依据。

然而,形成性评价和终结性评价各有侧重,应相互补充。形成性评价注重过程,能够及时发现和解决问题;终结性评价注重结果,能够全面反映学生的学习成果。在评价学生的语文学习时,应将形成性评价与终结性评价相结合,既关注学生的学习过程又关注学习结果,以全面、准确地反映学生的学习情况。

(三)相对评价与绝对评价相辅助

相对评价是在一定的参照系中进行的评价,旨在比较不同学生的学习水平差异。在语文学习中,相对评价可以通过班级排名、年级排名等方式进行。相对评价能够让学生了解自己在班级或年级中的位置和学习水平差异,激发他们的竞争意识和进取心。

绝对评价是根据一定的标准和要求进行的评价,旨在评定学生是否达到预定的学习目标。在小学语文课程的学习中,绝对评价可以通过达标测试、等级考试等方式进行。绝对评价能够让学生了解自己的学习成果是否达到预定的标准和要求,为他们的学习提供明确的目标和方向。

相对评价和绝对评价各有利弊,应相互辅助。相对评价能够激发学生的学习动力和竞争意识，但可能导致过分追求排名和比较；绝对评价能够为学生提供明确的学习目标和方向，但可能忽视学生的个体差异和进步情况。在评价学生的语文学习时，应将相对评价与绝对评价相结合，既关注学生的个体差异和进步情况又明确学习目标和方向，以全面、准确地反映学生的学习情况。

三、评价方法的多元化

小学语文文化育人教学作为基础教育的重要组成部分，承担着培养学生语言文字运用能力、文化素养和人文精神的重要使命。在实现这一目标的过程中，评价方法的多元化显得尤为关键。它不仅能够全面、客观地反映学生的学习成果，更能有效激发学生的学习兴趣，促进他们的全面发展。

（一）纸笔测试

纸笔测试是传统的、最为常见的评价方法之一，它通过书面答题的方式检测学生对知识点的掌握情况。在小学语文教学中，纸笔测试通常包括填空、选择、判断、阅读理解、作文等题型，能够全面考查学生的语文基础知识和基本技能。

优势：纸笔测试具有操作简便、易于批改和评分、能够量化学生的学习成果等优点。通过标准化的试题和统一的评分标准，可以确保评价的客观性和公正性。

不足：纸笔测试过于注重对知识点的考查，而忽视了对学生实际应用能力和创新思维的培养。纸笔测试往往只能反映学生的学习结果，而无法全面了解学生的学习过程和学习方法。

改进方向：在使用纸笔测试时，应注重试题的灵活性和开放性，增加对学生思维能力和应用能力的考查。可以将纸笔测试与其他评价方法相结合，以全面反映学生的学习情况。

（二）表现性评价

表现性评价是一种通过观察学生在实际任务中的表现来评价其学习成果的方法。在小学语文教学中，表现性评价可以通过朗诵、演讲、表演、讨论等形式进行。

优势：表现性评价能够真实反映学生在实际情境中的语文运用能力和综合素养，有助于激发学生的学习兴趣和积极性。通过表现性评价，教师可以及时了解学生的学习情况和学习需求，为教学调整提供有力依据。

不足：表现性评价的操作难度较大，需要教师具备较高的专业素养和评价能力。由于表现性评价的主观性较强，容易受到评价者主观因素的影响，导致评价结果的客观性不足。

改进方向：在使用表现性评价时，教师应明确评价标准，确保评价的客观性和公正性。可以通过多次评价、多人评价等方式降低主观因素的影响。学校可以加强对教师的培训和指导，提高他们的专业素养和评价能力。

（三）档案袋评价法

档案袋评价法是一种通过收集学生在学习过程中的作品、成果、反思等资料来评价其学习情况的方法。在小学语文教学中，档案袋评价法可以包括学生的作文、读书笔记、课堂表现记录等内容。

优势：档案袋评价法能够全面记录学生的学习过程和学习成果，有助于教师全面了解学生的学习情况和成长轨迹。通过定期展示和交流档案袋内容，可以激发学生的学习兴趣和自信心。

不足：档案袋评价法的实施需要投入大量的时间和精力进行资料的收集、整理和分析。由于档案袋内容较多且琐碎，容易导致评价结果的片面性和主观性。

改进方向：在使用档案袋评价法时，教师应明确收集资料的目的和标准，确保资料的针对性和有效性。教师可以通过定期与学生进行交流，让学生了解自己的学习情况和进步情况，激发他们的学习动力。学校可以加强对档案袋评价法的宣传和推广，提高师生对其的认识和重视程度。

（四）口头评价

口头评价是一种通过面对面的交流来评价学生学习情况的方法。在小学语文教学中，口头评价可以通过课堂提问、小组讨论、个别辅导等形式进行。

优势：口头评价能够及时了解学生的学习情况和需求，有助于教师进行针对性的指导和帮助。通过口头评价，学生可以及时获得教师的反馈和建议，明确自己的学习方向和目标。

不足：口头评价容易受到时间、空间等因素的限制，无法全面覆盖所有学生。由于口头评价的随机性和即时性较强，容易导致评价结果的片面性和主观性。

改进方向：在使用口头评价时，教师应尽量做到全面覆盖所有学生，确保每个学生都能得到及时的关注和帮助。教师可以通过记录学生的口头表现、定期进行总结和反馈等方式提高口头评价的客观性和有效性。教师还可以加强对学生的个别辅导和小组讨论等形式的运用，提高口头评价的针对性和有效性。

（五）量表评价法

量表评价法是一种结构化的定量评价方法，它通过设计包含特定评价指标和对应等级的量表，对被评价对象进行客观、标准化的评估。在小学语文文化育人教学中，量表评价法能够细化评价标准，提供清晰的反馈，有助于教师准确了解学生的学习状况并做出相应的教学调整。

优势：量表评价法通过明确的评价指标和等级，减少了主观臆断和偏见，提高了评价的客观性和一致性。量表评价法可以将学生的学习表现转化为具体分数或等级，便于进行统计分析，从而更准确地掌握整体和个体的学习情况。量表中的具体指标和等级可以为学生提供清晰的反馈，使他们明确自己的学习水平和需要改进的方向。

不足：设计一份科学、合理、有效的量表需要深厚的专业知识和丰富的实践经验，否则可能导致评价结果失真。量表评价法往往针对特定的教学内容和目标，对于不同情境下的语文教学可能缺乏足够的适应性。量表评价法主要关注可量化的指标，可能忽视了一些重要的质性信息，如学生的学习态度、情感体验等。

改进方向：在设计量表时，应充分考虑小学语文学科的特点和教学目标，确保评价指标的全面性、科学性和可操作性。可以邀请专家、教师、学生等多方参与量表的制定和修订过程，以提高其合理性和接受度。量表评价法可以与其他评价方法（如表现性评价、档案袋评价等）相结合使用，以弥补各自的不足，提供更全面、准确的评价信息。在使用量表评价法时，教师应注意收集和

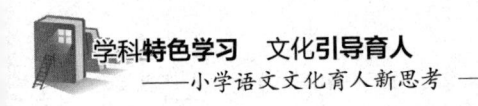

分析学生的质性信息，如课堂表现、作业质量等，以便更全面地了解学生的学习情况并给予针对性的指导。教师可以考虑在量表中增加一些开放性问题或描述性指标来收集这些质性信息。

四、评价主体的多元化

小学语文文化育人中，评价是教学的重要环节，而评价主体的多元化则是提升评价质量、促进教学改进的关键。传统的评价模式中，教师往往是唯一的评价主体，但随着教育理念的更新，我们逐渐认识到，学生、家长、社区人员等都可以成为评价主体，与教师共同参与评价过程。

（一）教师作为评价主体

教师在小学语文文化育人中扮演着举足轻重的角色。作为教学活动的组织者和引导者，教师对学生的学习情况有着深入的了解。他们不仅关注学生的知识掌握情况，还关注学生的学习态度、学习方法、思维能力等方面的发展。因此，教师作为评价主体具有天然的优势和必要性。

教师可以通过日常观察、作业批改、课堂互动等方式收集学生的学习信息，对学生的学习成果进行客观、全面的评价。教师还可以根据评价结果调整教学策略，针对学生的不同需求提供个性化的指导。教师的评价还可以激发学生的学习动力，帮助他们树立正确的学习观念和价值观。

然而，教师在评价过程中也可能存在主观性和偏见。为了确保评价的客观性和公正性，教师需要不断提升自己的专业素养和评价能力，掌握科学的评价方法和技术。学校也应加强对教师的培训和指导，帮助他们更好地履行评价主体的职责。

（二）学生（自我）作为评价主体

学生作为学习活动的主体，对自身的学习情况有着最直接的感受和了解。将学生纳入评价主体，有助于提升他们的自主学习能力和批判性思维。学生可以通过自我评价，对自己的学习过程进行反思和总结，发现自己的优点和不足。

为了促进学生自我评价的有效性，教师可以设计具体的评价标准和评价工具，引导学生明确评价的方向和目标。教师还可以在课堂上培养学生的评价能力和批判性思维，使他们在评价过程中能够做出更准确的判断。

（三）学生（互相）作为评价主体

在小学语文文化育人教学中，学生之间的互相评价是一种重要而独特的评价方式。这一评价方式强调了学生之间的互动与合作，不仅可以促进学生的自主学习和批判性思维的发展，还可以帮助学生建立正确的评价观念和团队合作意识。

学生之间的互相评价可以通过小组讨论、同伴评审等方式进行。在这些评价活动中，学生根据教师提供的评价标准或自行制定的准则，对同伴的学习成果、表现、作品等进行评价。他们可以从自己的角度出发，观察、分析同伴的学习过程和结果，并给出自己的意见和建议。

学生互相评价的过程不仅是一种学习的过程，还是一种社交和情感交流的过程。通过互相评价，学生可以学习到他人的优点和长处，发现自己的不足和需要改进的地方。他们还可以在与同伴的互动中培养沟通技巧、协商能力和团队合作意识，增进彼此之间的了解和友谊。

然而，学生在互相评价中也可能存在一些问题，如评价标准的不一致、主观偏见等。为了确保评价的客观性和公正性，教师在组织学生互相评价时，需要提供清晰的评价标准和指导，引导学生客观、公正地进行评价。教师还需要及时给予学生反馈和指导，帮助他们改进评价方法和提升评价能力。

（四）家长作为评价主体

家长是学生学习的重要伙伴和支持者。他们对孩子的学习情况有着深入的了解和关注。将家长纳入评价主体，能够更全面地反映学生的学习状况和学习环境。家长可以通过观察孩子的学习行为、与孩子交流学习心得等方式了解孩子的学习情况。家长还可以根据孩子的兴趣爱好和特长进行个性化的评价和指导。

为了加强与家长的沟通和合作，教师可以通过家长会、家访等方式向家长介绍学校的教育理念和教学计划，征求他们的意见和建议。教师还可以为家长提供具体的评价方法和工具，帮助他们更好地参与孩子的学习评价过程。

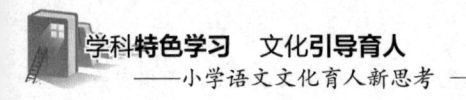

（五）社区人员作为评价主体

社区人员包括学校所在社区的教育工作者、文化机构人员等。他们对学校的教育教学活动和学生的学习成果有着独特的视角和见解。将社区人员纳入评价主体，能够拓宽评价的视野和角度。社区人员可以通过参与学校的评价活动、提供教育资源等方式支持学校的教育教学工作。他们还可以根据社区的文化传统和发展需求对学校的课程设置和教学内容提出宝贵的意见和建议。

为了充分发挥社区人员在评价中的作用，学校可以与社区机构建立合作关系，共同开展教育评价活动。学校还可以邀请具有专业背景的社区人员参与学校的课程设计和教学评价过程，为学校的教育教学提供更多的参考和建议。

第七章

文化导向下小学语文学科育人新探索

在探索小学语文学科育人的新路径时，我们不得不提及文化导向的重要性。文化如同空气一般无处不在，它浸润着我们的心灵，塑造着我们的品格。其中，本土特色文化与校园文化更是两股不可忽视的力量。它们以各自独特的方式，潜移默化地影响着学生的成长轨迹。本土特色文化，是历史的积淀，是地域的烙印，它蕴含着丰富的教育资源和深厚的文化底蕴。将本土特色文化融入小学语文教学，不仅可以增强学生的文化认同感，还能培养他们的家国情怀，让优秀传统文化在年轻一代中得以传承和发扬。而校园文化则是学校精神的体现，是学生成长的摇篮。在小学语文教学中注入校园文化元素，可以让学生在学习语言文字的同时感受到校园文化的熏陶和感染。润物细无声的教育方式，有助于培养学生的审美情趣、道德情操和人文素养，为他们的全面发展奠定坚实的基础。让我们一同走进这充满智慧与情感的教育世界，共同探寻小学语文学科育人的新境界。

第一节　本土特色文化渗透育人

在我国丰富多彩的文化长河中，本土特色文化犹如一颗璀璨的明珠，闪耀着独特的光芒。小学语文教学不仅是文字与语言的启蒙，更是心灵与文化的熏陶。当我们将本土特色文化巧妙渗透于小学语文教学之中，便如同为学生打开了一扇通向本土特色文化的窗户。透过这扇窗，学生能感受故土的温暖，聆听历史的回响，品味文化的芬芳。这样的教育不仅是知识的传授，更是对学生精神世界的深情滋养。

一、推动本土特色文化校本教学资源开发

随着教育改革的不断深化，小学语文教学越来越注重学生的全面发展，尤其是文化素养的培养。在此背景下，推动本土特色文化校本教学资源的开发显得尤为重要。本节将深入挖掘南平市本土特色文化之精髓，将其巧妙融入小学语文教学，让课堂绽放独特的地域文化魅力，共绘教育新篇章。

本土特色文化校本教学资源宛若一泓清泉，源自当地深厚的文化土壤和历史积淀。它是教育者以匠人之心，通过精心挖掘、细致整理、巧妙加工与不断创新，为学校教学活动量身打造的具有浓郁地方风情的宝贵资源。这些资源犹如历史的长河中熠熠生辉的明珠，既包括了那些触手可及的物质文化遗产——古老的历史遗迹、巧夺天工的民间艺术品，也囊括了那些镌刻在民族记忆里的非物质文化遗产——世代相传的民俗习惯、精湛绝伦的传统技艺。

本土特色文化校本教学资源，首先以其鲜明的地方性引人入胜。它如同一幅细腻入微的画卷，徐徐展开当地独特的历史长卷、地理风貌和民俗风情。每

一寸土地、每一处古迹、每一种习俗，都仿佛在诉说着一个个古老而动人的故事，等待着同学们去探寻、去感悟！

其次，这些资源内涵丰富，教育性强，是培养学生文化素养、审美能力和创新精神的沃土。它们像是一位博古通今的智者，以润物细无声的方式，引领学生走进文化的殿堂，感受艺术的魅力，启迪创新思维。在这里，学生可以穿越时空的隧道，与古人对话；可以跨越地域的界限，领略异域风情；可以在艺术的海洋里遨游，放飞想象的翅膀。

再者，本土特色文化校本教学资源的多样性也为教学活动提供了丰富多彩的选择。文字、图片、音像等多种载体交织成一幅立体的文化图景，让学生在感官的盛宴中尽享学习的乐趣。无论是古朴典雅的文献资料、色彩斑斓的民间图画，还是悠扬动听的乡土音乐、栩栩如生的影像资料，都能为课堂教学注入新的活力，激发学生的学习热情。

最后，这些资源因与学生的生活背景紧密相连而具有极强的亲和性。它们不再是高高在上、遥不可及的文化符号，而是融入学生的血脉、根植于他们心中的文化基因。这种与生俱来的亲切感和认同感，让学生在学习本土特色文化的过程中如鱼得水、如虎添翼。他们不仅能够在轻松愉悦的氛围中掌握知识、提升能力，更能在心灵的深处播下对家乡文化的热爱和对民族精神的传承之种。

二、本土特色文化校本教学资源的育人价值

深入挖掘并巧妙运用福建省南平市独特的本土文化资源，将其精华融入小学语文课堂，不仅能有效传承和弘扬本土文化，增强学生的文化自信，更能为教学注入活力，丰富教学内容与形式，让学生在文化的熏陶中快乐成长。

（一）传承和弘扬本土文化

随着全球化的浪潮席卷而来，各地的本土文化面临着前所未有的冲击和挑战。在这一背景下，将南平市独特的本土文化引入小学语文课堂，显得尤为迫切和重要。通过校本教学资源的开发，我们不仅能够让学生在学习的过程中了解和传承本土文化，更能够增强他们对本土文化的认同感和自豪感。

对本土文化的认同感和自豪感是文化自信的表现，也是文化传承的基石。当学生在课堂上听到关于家乡的历史传说、民俗风情，看到那些熟悉的风景、建筑被赋予新的文化意义时，他们的心中会涌起一种难以言表的情感。这种情感会驱使他们更加珍惜和爱护自己的文化，也会让他们在未来的生活中成为本土文化的积极传播者和坚定捍卫者。

本土特色文化校本教学资源的开发还有助于保护和传承当地的文化遗产。这些文化遗产是历史的见证，是民族的瑰宝。通过将其融入课堂教学，我们不仅可以让更多的孩子了解和认识这些文化遗产，还可以激发他们的保护意识，从而为文化的多样性和繁荣发展贡献自己的力量。

（二）丰富教学内容和方式

传统的小学语文教学往往侧重于语言文字的学习和训练，而忽视了文化的渗透和熏陶。这样的教学方式不仅单调乏味，而且难以激发学生的学习兴趣和积极性。而本土特色文化校本教学资源的引入，无疑为小学语文教学注入了新的活力和生机。

这些资源以其丰富的内容和多样的形式，使得课堂教学变得更加生动有趣。教师可以结合当地的文化资源，设计富有创意的教学活动，如实地考察、角色扮演、文化体验等。这些活动不仅能够让学生在亲身体验中感受文化的魅力，还能够培养他们的实践能力、创新精神和团队合作意识。

本土特色文化校本教学资源还为教师提供了广阔的教学空间和灵活的教学方式。教师可以根据学生的实际情况和兴趣爱好，有针对性地选择和使用这些资源，从而实现因材施教、个性化教学的目标。这样的教学方式不仅能够提高教学效果，还能够促进学生的全面发展，为他们的未来奠定坚实的基础。

三、本土特色文化校本教学资源的开发策略

在推动南平市本土特色文化融入小学语文教学的过程中，开发策略的制定显得尤为关键。这不仅关乎教学资源的有效利用，更影响着文化传承的深度与广度。深入挖掘南平市本土文化的精髓，精心整理与创新课程资源，同时强化师资培训与合作交流，让小学语文课堂成为传承与弘扬本土特色文化的璀璨舞台。

（一）深入挖掘与整理本土文化资源

南平市，这片历史悠久的土地，蕴藏着丰富的本土文化资源。从古老的历史遗迹到独特的民间艺术，从世代相传的民俗习惯到精湛绝伦的传统技艺，无不凝聚着当地人民的智慧和创造。为了将这些宝贵的文化资源引入小学语文课堂，教师必须首先通过查阅地方志、历史文献等资料，深入了解南平市的本土文化。这一过程如同探矿者寻找宝藏，需要教师具备敏锐的洞察力和深厚的文化素养。

在挖掘本土文化资源的过程中，教师不仅要关注物质文化遗产，如历史遗迹、民间艺术品等，还要重视非物质文化遗产的搜集与整理。这些非物质文化遗产，如民俗习惯、传统技艺等，往往承载着更深厚的历史底蕴和文化内涵。邀请当地文化专家或民间艺人进校园，与教师共同整理这些资源，也是确保资源质量和适用性的重要环节。他们的参与不仅能够提供宝贵的专业意见和实践经验，还能为资源的后续挖掘提供有力的支持。

（二）整合与创新课程资源

将本土特色文化与小学语文课程进行整合，是实现文化传承与语文教学双赢的关键步骤。在这一过程中，教师需要充分发挥自己的创造力和想象力，设计符合学生认知特点的教学内容和教学活动。例如，在学习古诗文时，教师可以引入南平市的历史名人和古迹，让学生在欣赏古诗文的同时感受家乡文化的魅力；在学习写作时，教师可以引导学生以本土文化为主题进行创作，培养他们的文化自觉和文化自信。

随着现代教育技术的飞速发展，多媒体、网络人工智能等技术为本土特色文化融入小学语文课堂提供了更多的可能性。教师可以利用这些技术手段，创新教学方式和教学模式，使本土特色文化以更加生动、形象的方式呈现在学生面前。这不仅能够激发学生的学习兴趣和积极性，还能提高教学效果和质量。

（三）加强师资培训与合作交流

教师作为本土特色文化校本教学资源开发的主力军，其文化素养和教学能力直接影响着资源开发的质量和效果。因此，加强师资培训显得尤为重要。学校应该组织教师参加相关的培训和学习活动，如文化讲座、实地考察、教学研讨等，提高他们的文化素养和教学能力。学校还可以邀请文化专家或民间艺人进校园，为教师提供面对面的指导和帮助。

加强与其他学校或文化机构的合作交流也是提升本土特色文化校本教学资源开发水平的重要途径。通过校际合作、文化交流等活动，教师可以互相学习、借鉴彼此的成功经验和实践成果，共同推动本土特色文化在小学语文教学中的深入应用。跨界的合作与交流不仅能够拓宽教师的视野和思路，还能为本土文化的传承与发展注入新的活力和动力。

四、本土特色文化校本教学资源的开发步骤

随着教育改革的深入推进，越来越多的教育者开始关注本土特色文化在教学中的重要价值。特别是在小学语文教学中，融入南平市本土特色文化资源，不仅能够激发学生的学习兴趣，还能够有效地传承和弘扬本土文化。

（一）确定开发目标与内容

明确开发目标是整个开发步骤的前提。我们需要根据南平市的文化特点、小学语文教学的实际需求以及学生的认知特点来确定具体目标。比如，我们可以将目标定为：通过引入南平市本土特色文化资源，激发学生对家乡文化的热爱和自豪感，同时提高他们的语文综合素养。

在确定目标的基础上，我们要进一步细化开发内容。南平市拥有丰富的文化资源，如武夷山的茶文化、建阳区的建窑建盏文化、延平区的历史名人等。我们可以选择其中最具代表性的文化元素，结合小学语文课程标准，设计出具体的教学内容。例如，在学习古诗文时，可以引入南平市的古代名人诗篇，让学生在欣赏古诗文的同时了解家乡的历史文化。

（二）收集与整理本土文化资源

收集与整理本土文化资源是整个开发步骤的关键环节。我们需要通过多种途径来获取相关资源，包括查阅地方志、历史文献等书面资料，实地考察当地的历史遗迹和民俗活动，访问民间艺人和文化专家，等等。这些资源不仅包括文字、图片等静态资料，还包括音频、视频等动态资料。

在收集资源的过程中，我们要注重资源的真实性和准确性，避免引入错误

或虚假的信息。我们还要对收集到的资源进行分类整理，去粗取精，筛选出最适合用于小学语文教学的部分。例如，我们可以将收集到的茶文化资源整理成茶叶的制作过程、品茶技巧、茶文化的历史传承等几个方面，为后续的教学设计提供丰富的素材。

（三）设计与实施教学活动

教学活动的设计与实施是整个开发步骤的核心。我们需要根据收集到的本土文化资源和小学语文课程标准，结合学生的认知特点和兴趣爱好，设计出富有创意的教学活动。这些活动可以包括课堂教学、课外活动以及综合实践活动等多种形式。

在课堂教学方面，教师可以通过讲解、演示、组织讨论等方式来介绍南平市的本土特色文化。例如，在学习《茶》这篇课文时，教师可以结合茶文化资源，向学生介绍茶叶的制作工艺和品茶技巧，并组织学生进行品茶体验活动。这样不仅能激发学生的学习兴趣，还能让他们更深入地了解家乡的文化内涵。

在课外活动方面，我们可以组织学生参加与本土特色文化相关的社会实践活动。例如，利用周末或节假日的时间，带领学生参观当地的历史遗迹和民俗活动现场，让他们亲身感受家乡文化的魅力。这些活动不仅能拓宽学生的视野，还能培养他们的社会实践能力和团队合作意识。

我们还可以通过综合实践活动来进一步整合和利用本土特色文化资源。例如，教师可以引导学生以本土文化为主题进行写作、演讲、绘画、摄影等创作活动，并将优秀作品进行展示和交流。这样不仅能提升学生的综合素养，还能培养他们的创新意识和审美能力。

（四）评价与反思教学效果

对整个开发步骤进行评价与反思是必不可少的环节。我们需要通过学生的反馈、教师的观察、测试成绩等多种方式来全面评估本土特色文化校本教学资源的教学效果。具体包括以下几个方面：一是学生对本土文化的认知和情感态度是否有所提升；二是学生的语文综合素养是否得到提高；三是教学活动中是否存在不足之处以及如何改进；等等。

根据评价结果，我们可以及时调整和改进教学内容和方式。例如，针对学生在品茶体验活动中表现出的兴趣浓厚但知识储备不足的问题，教师可以在后续的教学中增加更多关于茶文化的相关知识介绍和实践操作环节。我们还可以通过与其他学校或文化机构的合作交流来不断提升本土特色文化校本教学资源的开发水平和教学质量。

五、利用本土童谣文化渗透习作教学育人

童谣作为深深植根于本土的瑰宝，不仅是儿童成长过程中的快乐旋律，更是民族文化和智慧的结晶。在小学语文习作教学中巧妙地融入童谣，不仅能够以其独特的韵律和节奏激发学生的写作兴趣，更能在字里行间悄然渗透育人的深远意义。通过童谣的搜集、筛选、应用和创编，学生们能够在轻松愉快的氛围中感受民族文化的魅力，培养对本土文化的热爱，同时在潜移默化中提升审美情趣、拓展思维空间、锻炼语言表达能力，实现语文教学的多维育人目标。搜集童谣，以韵律激发写作灵感；筛选佳作，于字里行间寻求思维突破；巧妙应用，让童谣之美点缀文章之魂；最终创编童谣，以童真之笔，绘就习作教学的绚丽篇章。

（一）搜集童谣，激发学生作文兴趣

在小学习作教学中，搜集童谣是一种非常有效的教学方法。童谣以其简短易懂、朗朗上口的特点深受小学生的喜爱，因此在习作教学中引入童谣，能够极大地激发学生对作文的兴趣。

为了让学生更好地理解和把握习作的主题，教师可以引导学生搜集与主题相关的童谣。例如，在涉及学校生活的习作教学中，教师可以让学生搜集描述学校生活、表达同学之间友情的童谣。学生们在搜集过程中，不仅能够感受到童谣的韵律美和语言美，还能对学校生活有更加深刻的体会。

当学生们搜集到《读书郎》《校园多美好》等童谣时，他们会被这些童谣中描绘的场景和情感所打动。这些童谣用简洁明了的语言，描绘了学生们在校园中的学习、生活和情感，让学生们仿佛看到了自己的影子。通过搜集和欣赏这些童谣，学生们对校园生活有了更加深刻的认识和感悟，也更加热爱和珍惜自己的校园生活。

搜集童谣的过程本身也是一种很好的学习体验。学生们在搜集童谣的过程中，需要查阅各种资料、筛选合适的童谣、理解童谣的内涵和意义等。这些过程不仅锻炼了学生们的自主学习能力和筛选信息的能力，还让他们学会了如何从生活中汲取灵感和素材，为今后的写作打下坚实的基础。

因此，通过将搜集童谣的方式引入习作教学，不仅能够激发学生对作文的兴趣和热情，还能让他们在搜集过程中感受到童谣的魅力和价值，从而对写作产生更加积极的态度。

（二）筛选童谣，寻求习作思维突破

在搜集到大量童谣后，筛选合适的童谣成为习作教学的重要一环。筛选童谣的过程实际上是一个思维训练和提升的过程，有助于学生寻求习作思维的突破。

筛选童谣需要学生具备辨别和分析的能力。面对众多的童谣，学生需要根据习作主题的要求，挑选出与主题紧密相关、能够表达主题思想的童谣。例如，在以保护动物为主题的习作中，学生需要筛选出那些描绘动物形象、表达人与动物和谐相处思想的童谣，如"你拍一，我拍一，动物世界很新奇。你拍二，我拍二，孔雀锦鸡是伙伴……"等。通过筛选，学生能够更加明确写作的方向和思路。

筛选童谣有助于学生拓展思维空间。童谣往往具有丰富的想象力和创造力，能够引导学生从不同的角度和层面去思考习作主题。例如，在写关于"家庭"这一主题时，学生可以从《摇篮曲》《小星星》等童谣中汲取灵感，思考家庭中的温馨、关爱、陪伴等情感元素，从而拓展自己的思维空间。

筛选童谣还能培养学生的审美情趣和鉴赏能力。优秀的童谣往往具有深刻的思想内涵和独特的艺术魅力，能够让学生在筛选过程中受到美的熏陶和感染。通过欣赏和分析优秀的童谣，学生能够提升自己的审美情趣和鉴赏能力，为今后的写作提供更加丰富的素材和灵感。

因此，筛选童谣是习作教学中不可忽视的一环。通过筛选合适的童谣，学生能够寻求习作思维的突破和拓展，提升自己的写作能力和水平。

（三）应用童谣，构建主动作文意识

在小学习作教学中，应用童谣是构建学生主动作文意识的重要手段。童谣作为一种贴近儿童生活的文学形式，以其独特的韵律和节奏吸引着学生们的注意力，让他们在轻松愉快的氛围中感受到写作的乐趣。

将童谣应用于习作开头或结尾部分，可以起到画龙点睛的作用。一首与主题相关的童谣能够迅速将读者带入特定的情境中，为整篇习作定下基调。例如，在写关于"家"的习作时，学生们可以选择《摇啊摇，摇到外婆桥》这首童谣作为开头，通过描绘外婆的慈祥和家的温暖，引发读者对家的共鸣和向往。这样的开头不仅让人眼前一亮，还能为后续的写作内容做好铺垫。

童谣在习作中的应用还能够帮助学生更好地表达情感和主题。童谣往往蕴含着丰富的情感和深刻的哲理，能够引导学生更加深入地思考习作的主题和意义。例如，在写关于"友谊"的习作时，学生们可以引用《找朋友》这首童谣来表达对友情的渴望和珍惜。通过童谣中的歌词和旋律，学生们能够更加真切地感受到友情的力量和美好，从而将这种情感融入自己的习作中。

应用童谣还能够激发学生的创作灵感和想象力。童谣的韵律和节奏往往能够触发学生们的联想和想象，让他们在写作过程中文思泉涌、妙笔生花。例如，在写关于"春天"的习作时，学生们可以从《春天在哪里》这首童谣中汲取灵感，描绘出春天万物复苏、生机勃勃的景象。这样的写作过程不仅让学生感受到了创作的乐趣和成就感，还培养了他们的想象力和创新能力。

因此，应用童谣是构建学生主动作文意识的有效途径。通过引入贴近生活的童谣，让学生在轻松愉快的氛围中感受到写作的乐趣和价值，从而激发他们的写作兴趣和热情。童谣的应用还能够帮助学生更好地表达情感和主题、激发创作灵感和想象力，为他们的写作之路打下坚实的基础。

（四）创编童谣，升级习作训练体系

创编童谣是小学习作教学中的一项富有创意和挑战性的任务，它不仅能够锻炼学生的语言组织能力和表达能力，还能够激发他们的创造力和想象力，从而实现习作训练体系的升级。

创编童谣的过程实际上是一个综合运用语言知识和生活经验进行创作的过

程。学生需要根据习作主题的要求，结合自己的生活体验和感受，运用生动、形象的语言编写出具有韵律美和意境美的童谣。这个过程既能够锻炼学生的语言表达能力，又能够培养他们的观察力、想象力和创新能力。

在创编童谣的过程中，教师可以给予学生一定的指导和帮助。首先，教师可以引导学生了解童谣的基本特征和写作方法，让他们掌握童谣的韵律、节奏、表现手法等要素。然后，教师可以根据习作主题的要求，为学生提供一些相关的素材和灵感，激发他们的创作欲望和思维火花。最后，教师还可以组织学生进行童谣的交流和展示活动，让他们相互学习、相互启发，共同提高童谣的创作水平。

通过创编童谣的方式进行习作训练，不仅能够提升学生的写作能力和水平，还能够培养他们的审美情趣和文化素养。因为优秀的童谣往往蕴含着深刻的思想内涵和独特的艺术魅力，能够让学生在创作过程中受到美的熏陶和感染。创编童谣还能够增强学生对生活的感悟和理解能力，让他们更加热爱生活、关注社会、关注自然。

因此，创编童谣是升级小学习作训练体系的有效途径之一。通过引导学生进行童谣的创编活动，我们能够激发他们的创造力和想象力，培养他们的语言表达能力和文化素养，从而实现习作教学效果的提升。

第二节　语文教学中的校园文化育人

在教育的殿堂中，小学语文不仅是知识的启蒙，更是对文化的传承与心灵的滋养。校园文化如春风化雨，无声地浸润着学生的心田。当语文教学与校园文化相遇，便是一场知识与情感、传统与创新的美丽邂逅。在这本书中，我们将一同探寻小学语文教学中校园文化育人的奥秘，感受语言文字背后的文化力量，以及它如何在学生心中播撒智慧的种子，培育出既有文化底蕴又充满创新精神的新一代少年。

一、校园文化育人的内涵与价值

校园文化，作为学校这一特定环境中的独特产物，是由师生共同创造并长期积累形成的价值观念、行为规范、精神风貌及与之相适应的物质载体的总和。它如同一座无形的熔炉，不断地熔炼和塑造着学校中的每一个个体。校园文化涵盖了物质文化、制度文化、精神文化、行为文化等多个层面，这些层面相互交织、相互影响，共同构成了校园文化的丰富内涵。

在小学语文教学中，校园文化育人的价值是不可忽视的。语文作为基础教育的重要学科，不仅承载着传授语言文字知识的任务，更承担着培养学生人文素养、审美情趣和文化修养的重任。而校园文化作为学校精神面貌的重要体现，对于小学语文教学来说，无疑是一种宝贵的资源和助力。

（一）优美环境，文化熏陶显真章

在小学校园里，一砖一瓦、一草一木都诉说着文化的故事。学校的建筑风格古朴典雅，与周围的环境和谐相融，仿佛是一首凝固的诗篇。教室的布置温馨而舒适，充满了家的温暖；走廊上悬挂或张贴的名言警句、名人画像、学生作品等，都在无声地传递着美的信息和文化的力量。

在这样的环境中，学生自然而然地受到熏陶和感染。他们不仅在课堂上学习知识，更在校园的每一个角落感受着文化的气息。熏陶是潜移默化的，它如同春雨般滋润着学生的心田，让他们的审美情趣得到了培养，道德情操得到了升华。

教师的言传身教也是校园文化熏陶作用的重要体现。教师的人格魅力、教学风格、对学生的关爱等，都在无形中影响着学生。一位优秀的教师不仅是一位知识的传授者，更是一位文化的引领者和学生心灵的塑造者。他们的言行举止都成为学生模仿的榜样，让学生在耳濡目染中学会了如何做人、如何待人。

（二）正确导向，价值引领塑人格

校园文化作为学校精神面貌的重要体现，具有鲜明的导向作用。它通过树立正确的价值导向、行为规范和精神追求，引导学生明确学习目标和人生方向。导向作用不仅体现在学校的规章制度中，更体现在学校的日常教学和管理中。

在小学语文教学中，这种导向作用尤为明显。教师通过对课文的故事情节、人物形象、思想感情的解读，引导学生树立正确的世界观、人生观和价值观。例如，在学习英雄人物的故事时，教师不仅要讲解故事情节和人物形象，还要引导学生深入思考英雄人物的精神品质和价值追求，从而让学生受到深刻的思想启迪和精神洗礼。

学校还可以通过开展各种主题教育活动、设立奖学金和荣誉称号等方式，激励学生追求真善美、远离假恶丑。这些活动不仅让学生展示了自己的才能和学习成果，更让他们在参与的过程中体验到了成功的喜悦和自豪，从而激发了他们的学习热情和内在动力。

（三）凝聚力量，文化认同筑根基

共同的文化认同和情感归属是增强学生对学校归属感和荣誉感的关键因素。校园文化作为学校大家庭的精神纽带，将师生紧紧地联系在一起，形成了一种强大的凝聚力。

在小学语文教学中，教师可以通过组织朗诵比赛、课本剧表演、文学创作等活动，让学生积极参与其中并展示自己的才能。这些活动不仅丰富了学生的课余生活，还让他们在参与的过程中感受到了集体的力量和团队的协作精神。当学生在比赛中取得好成绩时，他们会为集体的荣誉而感到自豪；当学生在活动中遇到困难时，他们会相互帮助、共同克服。文化凝聚作用不仅有利于学生的个人成长，更有利于学校的整体发展。

学校还可以通过举办各种文化活动、创建学生社团等方式，让学生感受到自己是学校大家庭中的一员。这些活动不仅为学生提供了展示自己才华的平台，更让他们在参与的过程中增强了对学校的认同感和归属感。当学生认同学校的文化价值观时，他们会更加自觉地遵守学校的规章制度和行为规范；当学生对学校产生深厚的情感归属时，他们会更加珍惜在学校的时光并努力学习。

（四）激励前行，文化动力促成长

校园文化的激励作用对小学语文教学有着积极的影响。学校通过设立奖励机制、榜样示范、成功体验等途径，激发学生的学习兴趣和内在动力。这些激励机制不仅让学生感受到成功的喜悦和自豪，更让他们明确了自己的奋斗目标和努力方向。

在小学语文教学中，教师可以通过对学生的表扬和鼓励、对优秀作品的展示和推荐等方式激发学生的创作热情和学习动力。当学生的作品被展示在班级的墙报上或学校的宣传栏中时，他们会感受到自己的努力得到了认可和肯定；当学生在课堂上回答问题正确或提出新颖的观点时，教师及时的表扬和鼓励会让他们更加自信并愿意继续探索。

学校还可以设立奖学金、荣誉称号等奖励机制，来激励学生努力学习、追求卓越，这些奖励不仅是对学生成绩的肯定，更是对他们努力和付出的认可。当学生获得这些奖励时，他们会感受到自己的价值得到了实现，并会以此为动力，继续努力前行。这些奖励机制也在无形中形成了一种竞争氛围，让学生在相互比较中明确自己的差距和不足，从而更加明确自己的奋斗目标和努力方向。

二、小学语文教学与校园文化育人融合

小学语文教学与校园文化育人相融，如春风化雨，润物无声，让学生在语文的海洋里遨游，感受校园文化的深厚底蕴，共同绘制出知识与品德同辉的绚丽画卷。

（一）课堂内容与校园文化相结合

小学语文教学与校园文化育人之间的融合，是一场知识与情感、历史与未来的交会。这种融合不仅让语文课堂更加生动有趣，还深深植根于学生的心灵，成为他们成长道路上不可或缺的一部分。当课堂内容与校园文化紧密结合时，小学语文教学便焕发出新的生机与活力。

1. 挖掘校园文化资源，传承学校历史传统

学校的历史传统，如同一座巍峨的丰碑，矗立在时间的长河中。它见证了学校的诞生、发展与变迁，承载着无数前辈的辛勤汗水与智慧结晶。将这份宝贵的历史传统融入小学语文教学中，不仅是对学校文化的传承与弘扬，更是对学生心灵的一次深刻触动。

在语文课堂上，教师可以通过多种方式将学校的历史传统呈现在学生面前。例如，可以讲述学校创立的背景和过程，让学生了解学校从无到有的艰辛与不易；可以介绍学校发展过程中的重要事件和人物，让学生感受到学校文化的厚重与深沉；还可以阐释校训、校歌的深刻内涵和独特魅力，让学生在心中树立对学校的崇敬与热爱。

当学生在语文课堂上听到学校的历史故事、了解学校的发展历程时，他们的内心会被深深触动。他们会意识到，自己不仅仅是学校的一分子，更是学校文化的传承者和弘扬者。责任感和使命感会激励学生更加珍惜在学校的学习时光，更加努力地学习和成长。

将学校的历史传统融入小学语文教学中，还有助于培养学生的爱国情怀和民族精神。当学生了解到学校的历史与国家的命运紧密相连时，他们会更加深刻地认识到自己的责任与担当。他们会明白，作为新时代的青少年，不仅要学好文化知识，更要肩负起传承和弘扬中华优秀传统文化的重任。

2. 解读校园文化现象，培养审美能力和文化素养

除了学校的历史传统外，校园中的各种文化现象也是小学语文教学的重要资源。这些文化现象包括学校的建筑风格、校园景观、学生活动等方方面面。它们虽然看似寻常普通，但却蕴含着丰富的文化内涵和教育价值。通过引导学生观察、思考这些文化现象，可以培养他们的审美能力和文化素养。

学校的建筑风格和校园景观是学生每天都能接触到的文化现象。这些建筑和景观不仅美化了校园环境，还承载着学校的文化理念和审美追求。在小学语文课堂上，教师可以结合课文内容或相关主题，引导学生欣赏学校的建筑风格和校园景观。例如，在学习描写景物的课文时，教师可以带领学生走出教室，实地观察校园中的花草树木、亭台楼阁等景观，感受其中的自然之美和人文之韵。这样的教学方式不仅可以让学生更加直观地理解课文内容，还能培养他们的审美情趣和观察能力。

学生的课外活动也是校园文化的重要组成部分。这些活动包括文艺演出、体育比赛、社会实践等多种形式。它们不仅丰富了学生的课余生活，还为学生提供了展示自我、锻炼能力的机会。在小学语文教学中，教师可以结合学生的课外活动，引导他们分析其中的文化内涵和意义。例如，在学习描写人物或事件的课文时，教师可以引入学生在课外活动中参与的文艺演出或体育比赛等案例，让学生分析其中的人物形象、情感表达或团队协作等方面的内容。这样的教学方式不仅可以激发学生的学习兴趣和积极性，还能让他们在分析的过程中加深对校园文化的理解和认同。

在这个过程中，教师还可以鼓励学生发挥自己的想象力和创造力，用语言、文字、图画等方式表达自己的感受和见解。例如，在学习完一篇描写景物的课文后，教师可以要求学生以校园中的某一处景观为对象，写一篇小短文或画一幅画来表达自己对这处景观的感受和理解。这样的作业不仅可以锻炼学生的表达能力和创作能力，还能让他们在创作的过程中进一步感受和理解校园文化的魅力。

（二）教学方式与校园文化相契合

小学语文教学与校园文化育人之间的深度融合，不能只停留在课堂内容的渗透，更需要在教学方式上寻求与校园文化的完美契合。创新教学方式和拓展教学空间，是我们在实践中探索出的两种有效途径。这两种途径如同两条涓涓细流，最终汇聚成推动学生全面发展的磅礴大河。

1. 创新教学方式，营造轻松愉快的学习氛围

在传统的小学语文教学模式下，教师往往是课堂的绝对主宰，而学生则处于被动接受知识的地位。这样的教学方式不仅抑制了学生的个性发展和思维活跃度，还容易使学生对学习产生厌倦情绪。因此，要实现小学语文教学与校园文化的深度融合，就必须打破这一传统桎梏，创新教学方式，为学生营造轻松愉快的学习氛围。

教师可以采用参与式、体验式等教学方法。这些方法的核心思想是让学生在互动、合作中完成学习任务，从而激发他们的学习兴趣和积极性。例如，在学习某篇课文时，教师可以组织学生分组进行角色扮演或情境模拟，让他们亲身体验文中人物的情感和经历。通过这样的教学方式，学生不仅能更加深刻地理解课文内容，还能在参与的过程中感受到学习的乐趣和成就感。

随着科技的不断进步和教育信息化的不断推进，多媒体技术和网络资源为小学语文教学提供了更加丰富多彩的内容和形式。教师可以利用这些技术手段，将文字、图片、音频、视频等多种元素融入课堂教学中，为学生呈现一个立体、生动、有趣的语文世界。例如，在学习描写自然风光的课文时，教师可以通过展示相关的图片和视频，让学生仿佛置身于大自然之中，感受其壮丽与辽阔。这样的教学方式不仅可以拓宽学生的视野和知识面，还能进一步激发他们的想象力和创造力。

在创新教学方式时，我们还需要注重对学生情感体验的关注。语文学科作为一门人文性极强的学科，蕴含着丰富的情感和人文精神。在教学过程中，教师应该通过引导学生品读文本、感悟情感、交流思想等方式，让他们在情感上与作者产生共鸣，在思想上得到提升和拓展。这样的教学方式不仅可以增强学生的语文素养和人文底蕴，还能帮助他们形成健全的人格和良好的情感态度。

2. 拓展教学空间，感受语文与校园文化的紧密联系

除了创新教学方式外，拓展教学空间也是实现小学语文教学与校园文化融合的重要途径。在传统的教学模式下，小学语文课堂往往局限于教室之内，与外面的世界和丰富多彩的校园生活相隔绝。为了打破这一局限，我们需要将语文课堂延伸到校园各个角落，让学生在实践中感受语文与校园文化的紧密联系。

教师可以利用学校的图书馆、阅览室等资源，开展阅读指导、读书分享等活动。图书馆是学校中最重要的文化资源之一，它为学生提供了广阔的阅读空间和丰富的阅读材料。教师可以定期组织学生到图书馆进行集体阅读或自主借阅，引导他们养成良好的阅读习惯。教师还可以鼓励学生在阅读过程中进行思考和做笔记，将阅读成果转化为自己的知识和智慧。通过这样的活动，学生不仅能在阅读中拓宽视野、增长知识，还能在阅读中感受校园文化的熏陶和洗礼。

学校中的各种文化活动也是拓展小学语文教学空间的重要途径。这些活动包括文艺演出、诗歌朗诵、书画展览等，它们为学生提供了展示自我才华和锻炼实践能力的机会。在教学过程中，教师可以结合课程内容或相关主题，组织学生参与到这些活动中来。例如，在学习描写人物或事件的课文时，教师可以引导学生进行课本剧的编排和演出；在学习描写自然风光的课文时，教师可以组织学生进行户外采风或摄影比赛等。通过这样的活动，学生不仅能在实践中锻炼自己的表达能力和组织能力，还能在实践中深刻感受到语文在校园文化中的广泛应用和重要作用。

（三）课外活动与校园文化相补充

小学语文教学与校园文化育人之间的融合，不仅要在课堂内容和教学方式上寻求突破，还需要在课外活动上加以补充和完善。课外活动作为校园文化的重要组成部分，是对小学语文教学的重要延伸和拓展。通过丰富课外活动形式和搭建展示平台等方式，可以进一步激发学生的学习兴趣和创造力，提升他们的综合素养和人文精神，从而实现语文教学与校园文化的深度融合。

1. 丰富课外活动形式，展示学生才能

课外活动是对小学语文教学的有益补充，它可以让学生在实践中运用所学的语文知识，展示自己的才能和特长。为了让学生更加积极地参与课外活动，

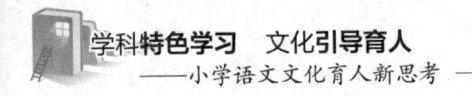

我们需要丰富活动形式，提供多样化的选择。

朗诵比赛、话剧表演、文学创作等活动，都是非常适合小学生的课外活动形式。这些活动不仅可以锻炼学生的语言表达能力和文学创作能力，还能让他们在参与的过程中感受到语文的魅力和乐趣。例如，学校可以定期举办朗诵比赛，让学生们在舞台上展示自己的朗诵技巧和表达能力；还可以组织话剧表演活动，让学生们在扮演角色的过程中深入理解文本内容，感受人物情感；文学创作活动也是一个非常好的选择，它可以让学生们发挥自己的想象力和创造力，创作出自己的文学作品。

在组织这些活动时，我们还需要注重活动的质量和效果。为了确保活动的顺利进行和取得预期效果，我们可以邀请专业人士进行指导和点评。这些专业人士可以是语文教师、朗诵艺术家、话剧导演等，他们可以为学生提供专业的指导和建议，帮助他们在活动中不断进步和提高。我们还可以设置观众席和评委席，让观众和评委们共同见证学生们的精彩表现，为他们加油鼓劲。

除了上述活动形式外，我们还可以结合学校的实际情况和学生的兴趣爱好，开展一些具有特色的课外活动。例如，学校可以开设书法班、国画班等传统文化课程，让学生们在学习传统文化的过程中感受到语文的博大精深；还可以组织读书会、文学社等学生团体，为学生们提供交流思想、分享经验的平台。这些具有特色的课外活动不仅可以满足学生的个性化需求，还能进一步丰富校园的文化内涵。

2. 搭建展示平台，激发学生学习兴趣和创造力

除了丰富课外活动形式外，搭建展示平台也是实现小学语文教学与校园文化融合的重要途径之一。通过搭建展示平台，我们可以让学生的作品和活动动态得到更好的展示和传播，从而进一步激发学生的学习兴趣和创造力。

学校可以利用各种渠道为学生搭建展示平台。例如，广播站可以开设专门的栏目播放学生的优秀作品和活动报道；宣传栏可以设置固定的板块张贴学生的优秀作文、手抄报等作品；学校网站和微信公众号也可以开设专门的板块发布学生的优秀作品和活动动态。这些展示平台可以让学生感受到自己的作品得到了认可和肯定，从而激发他们的创作热情和灵感。

在搭建展示平台的过程中，我们还需要注重平台的互动性和开放性。为了让学生更加积极地参与到展示活动中来，我们可以设置观众投票、评论互动等环节，让观众和学生进行互动交流；还可以邀请其他学校的师生或社会人士参观展览或观看表演，让更多的人了解到学生们的优秀作品和活动动态。这样的展示平台不仅可以拓宽学生的视野和交际圈子，还能进一步激发他们的自信心和进取心。